ECOLOGÍA
DEL PORVENIR

Diseño de tapa
EL OJO DEL HURACÁN®

ELENA G. ESPINAL

ECOLOGÍA DEL PORVENIR

Una mirada ontológica
para el diseño del futuro

GRANICA

ARGENTINA - ESPAÑA - MÉXICO - CHILE - URUGUAY

© 2015 *by* Elena G. Espinal
© 2015 *by* Ediciones Granica S.A.

ARGENTINA
Ediciones Granica S.A.
Lavalle 1634 3° G / C1048AAN Buenos Aires, Argentina
Tel.: +54 (11) 4374-1456 Fax: +54 (11) 4373-0669
granica.ar@granicaeditor.com
atencionaempresas@granicaeditor.com

MÉXICO
Ediciones Granica México S.A. de C.V.
Valle de Bravo N° 21 El Mirador Naucalpan Edo. de Méx.
(53050) Estado de México - México
Tel.: +52 (55) 5360-1010 Fax: +52 (55) 5360-1100
granica.mx@granicaeditor.com

URUGUAY
Ediciones Granica S.A.
Scoseria 2639 Bis
11300 Montevideo, Uruguay
Tel: +59 (82) 712 4857 / +59 (82) 712 4858
granica.uy@granicaeditor.com

CHILE
granica.cl@granicaeditor.com
Tel.: +56 2 8107455

ESPAÑA
granica.es@granicaeditor.com
Tel.: +34 (93) 635 4120

www.granicaeditor.com

GRANICA es una marca registrada

ISBN 978-950-641-865-6

Hecho el depósito que marca la ley 11.723

Impreso en Argentina. *Printed in Argentina*

Elena G. Espinal
   Ecología del porvenir: una mirada ontológica para el diseño
   del futuro / Elena Espinal. - 1ª ed. - Ciudad Autónoma de
   Buenos Aires: Granica, 2015.
   248 p.; 22 x 15 cm.

   ISBN 978-950-641-865-6

   1. Coaching. I. Título.
   CDD 158.1

A mis nietos:
Corina, Alvarito, Nahuel, Uma y Maya. Maestros
de un nuevo amor en dimensiones desconocidas.
Explicación y razón para creer y construir futuro.
A los que aún no llegaron.

ÍNDICE

AGRADECIMIENTOS

Esta obra no podría haber existido sin algunos aportes fundamentales:

A Sergio Czernizer, quien ha sido el futuro que llegaba a diario y recordaba las promesas; el sostén en el amor. También el compromiso en la inspiración y la corrección, en la fe y en la crítica constructiva. Casi un coautor...

A mis hijos, porque su amor me ha sostenido y porque lo entrenamos más allá de coincidencias y disidencias. A los tres en sus diferentes amores, inspiraciones, retos, compañías. A Laura, la semejante, la coach ambiciosa que sube la vara, la inventora del título del libro. A Eloy, el socio, el creativo, el desafío constante. A Nico, el de pocas palabras y de tesón asegurado, el presente de mil formas diferentes.

A mi madre, ejemplo y regalo de vida que, además, me regaló la mía, y al recuerdo de mi padre: mi "vocecita" aún habla muchas veces como él. A otros amores trascendentales: mi abuelo Bernabé, mi madrina Yuya, que me han dado la base de una niñez con la que interpreté el amor y la cercanía. Fueron mi escuela de amor incondicional.

A mis nietos, el milagro, el nuevo amor desconocido, la alegría y el asombro. Mi profundo agradecimiento porque por esas líneas vendrá la trascendencia.

A los críticos de este material: mi madre, mis hijos, Damián Goldvarg, Dionisio Quinteros, Liliana Escola, Leonardo Wolk, Omar Salom, Jim Selman, Guillermo Echevarría, Marcela Aguilera, Ana y Pedro Valdecantos y Vilma Barreras que leyó con tanto ahínco este material. A Fernando Esteves, quien recibió los primeros borradores amistosamente y alentó la escritura. Ellos han contribuido con sus comentarios generosos a enriquecerlo.

A los parientes del alma: Marco Leone y José Luis Valle por su apoyo incondicional, la lectura del libro y por traer a mi vida a Yanina Gullini quien me corrigió la traducción al inglés.

A mi grupo de estudio del Dwelling: Nancy Dorrier, Mark Parent, Brian Mendelsohn, Edward Dominguez, Alex Kalamaros, Diana Ajzen, Omar Salom y Romy Sala, que han sido parte del desarrollo, del pensamiento y de una evolución conjunta en la manera de ver el mundo.

Al ICP, el hijo del Instituto de Formación en Coaching de Buenos Aires, que, como todo hijo, da las más grandes satisfacciones y duele en los procesos de crecimiento.

Al doctor Oscar Rodríguez, rector de la Universidad de Londres, por su apoyo constante para la creación de la maestría y su fe en el valor del coaching.

A Diana Ajzen y Adriana Rodríguez, por su amistad y compañerismo sin críticas en todas las aventuras de los últimos años.

A Claudia Ceballos, compañera servicial, atenta, que busca siempre alivianar mi camino para que pueda hacer lo que sueño.

A Paola Barrera por su entrega y su apoyo y a Claudia Báez, la más nueva en el ingreso al equipo de trabajo que es como mi segundo núcleo.

A todos aquellos que me acompañaron los últimos veintinueve años en este mundo del liderazgo y del coaching; hoy son parte de la experiencia y las anécdotas que contiene el libro. Fueron mi aprendizaje.

A Estela Falicov, editora incansable, inspiradora y soporte para que esta obra saliera.

A Ediciones Granica, por su fe y apertura.

RECONOCIMIENTOS

A mis maestros:

Nada ha sido dicho sin la inspiración o el aprendizaje directo de aquellos que me han influido. También reconozco a aquellos que, con menos conciencia de mi parte, fueron aportando para que hoy sea esta quien soy. Mi eterno agradecimiento por su generosidad y entrega.

A Fernando Flores, a quien reconozco como el origen, el maestro y el amigo. Él ha leído, criticado e insinuado caminos para este material.

A Jim Selman, de quien he aprendido la base y el contexto de la transformación, y lo que he tomado del trabajo en las empresas, fuente de inspiración y liderazgo.

A Humberto Maturana, que me enseñó y transformó desde la lectura de sus libros.

A Alain Cardon, que muestra el amor detrás de los procesos de coaching y de su sabiduría en el trabajo con equipos.

Al doctor Rómulo Luis Cabrini, investigador y maestro de la patología, que me inició en los caminos de la rigurosidad en la ciencia, del estudio sistemático.

A los doctores Miguel Herrera Figueroa y Fernando Rivera, filósofos y maestros, que me abrieron los ojos a la fascinación por las diferentes interpretaciones del hombre. Ambos son piezas clave en mi formación como psicóloga y humanista. Donde estén, gracias; aún teniendo que buscarlos en mi corazón.

PRÓLOGO

Una frase emergió estos últimos años: "el mundo ya no es lo que era". ¿Y cómo se puede entender eso? Nuestros hábitos y certidumbres para interpretar lo que acontece dejaron de tener validez; y un sentido de amplia incertidumbre, y a veces también de una incertidumbre caótica, nos rodea y al mismo tiempo nos acongoja.

La noción de progreso tecnológico y científico, que emergió en el mundo a partir del siglo XIX y se extendió en el siglo XX, ya tampoco es la misma. Sin duda, hay un cambio tecnológico. Prueba de ello son la extensión de la vida, Internet y las promesas de mejoras en muchos campos. Pero también llegó la preocupación por el medio ambiente, el calentamiento global, la pobreza, la inequidad, el terrorismo y las organizaciones criminales a escala planetaria.

Algo que hoy sí sabemos sobre nuestro mundo es que el cambio que sufrirá en el futuro es dramático. El nivel de crecimiento poblacional, las economías de Asia en expansión y la polución cuyo origen se encuentra en los combustibles de naturaleza fósil cambiarán las condiciones de vida en este mundo, incluidas las carreras de las personas, de manera impredecible. No solo el mundo ya no es lo que era, sino que en el futuro será muy distinto a lo que es hoy.

Esta confluencia de crisis no es esencialmente tecnológica aunque así pareciera. Es esencialmente humana. Tiene su origen en nuestra historia, en nuestra emociones, en nuestras economías; en una palabra: en cómo nos relacionamos y configuramos nuestros mundos. Y el desafío para cada uno de nosotros parece estar en responder la pregunta: ¿cómo contribuyo a cambiar el mundo? Sin embargo, debemos reconocer que el mundo ya está cambiando, aun sin nuestra intervención o, al menos, sin nuestra intervención consciente. Nos guste o no, el mundo ya está cambiando. Entonces, la pregunta es otra: ¿quién estará listo para responder a los cambios? ¿Qué tipo de preparación requiere?

Somos de la opinión que la aspiración de unas ciencias sociales y humanas a imitación de las ciencias naturales es una quimera que no responde nuestra pregunta, porque empezamos a darnos cuenta de que la libertad, la iniciativa y el emprendimiento también son fuentes de incertidumbre, y no están sujetos a las predicciones. Requerimos una nueva manera de mirar, de educarnos, de prepararnos para actuar y de actuar.

El futuro que avizoramos ilumina en el presente la responsabilidad de transformar nuestra manera de ser, nuestros compromisos y nuestro sentido común. No alcanza con la transformación individual en la que nos hemos hecho expertos. Hoy precisamos de la transformación global, política y social, que depende de las transformaciones individuales porque las instituciones transnacionales que tenemos, incluyendo por ejemplo las Naciones Unidas o la Unión Europea, no están en condiciones de preparar ese futuro o de prepararnos para él. Simplemente pueden hacer recomendaciones. Necesitamos entonces de nuevas redes, de nuevos acuerdos y de la voluntad y el coraje de confrontar el cambio.

Enfrentados a este desafío es que, a nuestro juicio, la noción de aventura, la noción de otear el porvenir, no de conocerlo, y la metáfora de navegar esa aventura empiezan a emerger. Ya hablamos de navegar en Internet. La navegación empieza a ser la disciplina para manejarnos en la incertidumbre y ocurre en redes sociales, en espacios de poder y en espacios del alma. Requiere fortaleza y esperanza.

La esperanza, muchas veces, es expresión de debilidad, de expectativas mal auguradas. De justificaciones para excusarnos de nuestra mala preparación para enfrentar la vida. Sin embargo, quisiéramos rescatar la palabra esperanza como algo muy importante que vamos a llamar esperanza radical, tomando esta idea del libro *Radical Hope*, de Jonathan Lear, que se refiere a lo ocurrido en la nación crow con la llegada del hombre blanco.

La esperanza radical se aplica en particular cuando los mundos en que habitábamos, desde los cuales extraíamos nuestras posibilidades y anticipaciones, nuestras maestrías, nuestras excelencias, la fuente de nuestros orgullos, honores y reconocimientos, están en proceso de desaparecer.

Plenty Coups, el gran jefe de la nación crow dijo: "Cuando los búfalos se fueron, se llevaron los corazones de nuestra gente, que cayeron sobre el suelo y nunca más los pudimos levantar". Hoy también se están yendo nuestros búfalos. Nuestro modelo de vida será casi imposible de sostener. Nuestra confianza en el crecimiento económico y el progreso tecnológico será debilitada. No podemos pensar en este crecimiento mientras esté amenazado el planeta por la polución, la enfermedad, el hambre y la sequía. El cambio acelerado significa el derribamiento y la desaparición de muchas de nuestras confianzas. Durante este cambio habrá sufrimiento. Numerosas industrias y empresas que hoy existen se hundirán. Pero, al mismo tiempo, habrá una gran oportunidad. Surgirán nuevas industrias y empresas. La esperanza radical supone comprometernos a navegar por ese espacio de oportunidades para legar a las futuras generaciones un mundo diferente y mejor.

Para poder aprender a navegar en esta aventura, necesitamos maestros que den testimonio de cómo han enfrentado su aventura de la vida. Requerimos gente con imaginación y con coraje moral.

Hace muchos años conocí a Elena Espinal, una mujer que ha enfrentado la aventura de Latinoamérica, del cambio profesional, de ser madre, consejera de empresas y maestra en coaching. La conocí como amiga y he tenido el honor de ser su profesor en algunas fases de su andar. Ella nos ha entregado esta obra que nos da esperanza y conocimiento.

Con este libro, Elena busca abrir una puerta hacia una relación diferente con el futuro. Para ello, debemos tener en cuenta el espacio dentro del cual los hechos se nos revelan; lo contrario implica reducir nuestra capacidad de ser humanos a solo la gestión de cosas o acciones, sin hacernos cargo del contexto que hace que todo ocurra. Por eso Elena desarrolla primero la historia que nos lleva a relacionarnos con el futuro desde el miedo y el control, y luego trae al juego tres áreas clave desde las que, como seres humanos, podemos influir: la relación con uno mismo y con los otros, la relación con el tiempo y la relación con las circunstancias. A partir de ellas y del análisis de múltiples interpretaciones a través del tiempo, reaparece la posibilidad de elegir y adoptar una postura respecto del futuro.

Con mucho placer recomiendo a los lectores que se conmuevan con su lectura, que experimenten las emociones que solo los testimonios de vida pueden ofrecer y que vean también cómo el amor y la generosidad, el compromiso con la búsqueda y con lo que nos rodea en esta era de cambio son tanto o más importantes que el conocimiento. Los invito también a ver cómo una maestría en el hablar y en el escuchar trae la posibilidad de nuevos modelos interpretativos que, extrayéndonos de nuestra soledad y nuestros miedos, nos acercan a la elección y la creación de otro futuro. Un futuro que no está abrazado a un pasado, que no es puramente lo que hemos heredado, sino el resultado de abrirnos a nuevos futuros que todavía no existen.

Fernando Flores
Berkeley, California

Fernando Flores ha sido ministro de Estado y senador de Chile, así como presidente del Consejo Nacional de Innovación para la Competitividad de ese país.

Se graduó de ingeniero civil en la Universidad Católica de Chile y realizó un doctorado en filosofía y lenguaje en la Universidad de California en Berkeley.

Entre sus libros se destacan *Understanding Computers and Cognition* publicado junto a Terry Winograd; *Disclosing New Worlds*, con Charles Espinosa y Hubert Dreyfus, y *Building Trust*, con Robert Solomon. Ha fundado varias empresas en los Estados Unidos y actualmente trabaja con sus hijas en Pluralistic Networks. Reside en Berkeley, California.

El aporte de Flores en la comprensión de la coordinación de acciones en las organizaciones es la base de lo que hoy se conoce como coaching ontológico. Sus principales artículos en esta materia están compilados en el libro *Conversaciones para la acción y ensayos seleccionados*, recientemente publicado.

PREFACIO

Lo importante en este mundo no es dónde nos encontramos, sino en qué dirección vamos.

OLIVER WENDELL HOLMES

"El juego se acabó." Palabras que parecen escucharse de mil maneras diferentes, muchas veces al día: cuando algo sale bien, cuando algo parece haber salido mal… es una frase que usamos para mostrar determinación y, además, para marcar un límite, un final. Como si la vida se viviera en capítulos, en pequeñas historias o temas no interrelacionados. Pensamos en la decisión que tomamos de manera lineal, pero no pensamos en lo que esa decisión producirá en el futuro. Juzgamos momento a momento. Tomamos decisiones pensando en su influencia en el corto plazo. O las tomamos para alterar el curso del pasado. No pensamos en las oportunidades que abren y que cierran en el futuro.

Nos cuesta ver la vida como un proceso. Como un encadenamiento de sucesos que ocurren como si manos invisibles los entrelazaran, como si formaran parte del mismo tejido. Como lanas e hilos de diferentes colores y materiales que alguien tejiera. Algunos de esos hilos forman parte del tejido principal, otros generan detalles de color o de textura; algunos lo acompañan en grandes espacios y otros solo en pequeños momentos. Hay hilos que se manifiestan mucho tiempo después de haberse incorporado al tejido y algunos lo hacen en forma inmediata. Pero la obra toma el sentido del todo. Se puede crear una historia que permita comprender para qué cada cosa ha tomado su posición en cada momento.

Esta incapacidad de leer la vida como sucesión de eventos y no como eventos recorta nuestra posibilidad de vislumbrar resultados en ella. Nos hemos vuelto cortoplacistas, en casi todo... Juzgamos y nos desesperamos por los hechos aislados y nos cuesta verlos en relación con otros, con otras situaciones, como sistemas que funcionan por estar engranadas sus piezas. Si pudiéramos detenernos y mirar hacia atrás, podríamos observar cómo alguna decisión del pasado abrió una sucesión de hechos y de presentes, que son consecuencia de eso o parte de la realidad de hoy; así como hemos cerrado la posibilidad de que otras cosas ocurrieran por aceptar el camino que hemos tomado. La historia nos permite observar con facilidad este proceso. Cada decisión abre y cierra posibilidades a la vez. Cuando elegimos algo, muchas otras cosas no podrán suceder pero, al mismo tiempo, un mundo de posibilidades se abre a partir de nuestra elección.

Nos cuesta diseñar el futuro que nos gustaría, como si no dependiera de nosotros, aunque sea en alguna medida. Creemos que las cosas llegarán, la pareja, el dinero, lo que nos haga felices, ya vendrá... Así como no medimos el impacto de las pequeñas decisiones diarias, pensamos que el futuro está en otro lugar, que las decisiones que impactan en el futuro son diferentes de las que tomamos en forma cotidiana.

No es que todo lo que ocurra en el futuro sea obra nuestra. La vida aporta circunstancias y situaciones dentro de las que podemos jugar el juego. Nos garantiza un marco cambiante. Es la promesa de la vida: "Eres libre de construir lo que quieras, dentro un mundo que puede cambiar, solo porque sí. Este es tu tiempo. El único". Y basándonos en los resultados, se supone que hemos aceptado el juego y, por ende, sus reglas. Pero adónde vamos, qué queremos, para qué lo queremos son decisiones personales y sociales. Estas nos afectan como comunidad de seres humanos.

Algunos han hecho maravillas a pesar de las adversidades o de las circunstancias externas, otros se doblegaron, otros muchos se llenaron de excusas y hasta esperan otra vida para lograr lo que en esta no pudieron. Sin embargo, los habilidosos en la construcción de futuro pueden más que los otros. Como los marineros, sienten el viento y orientan las velas mil veces sin quejarse, sin pensar siquiera si están cansados; sería un dato irrelevante. La vida, la supervivencia o los sueños; el objetivo es más importante. No hay tiempo para pensar en el cansancio. Adaptan la estrategia al objetivo que desean lograr. No confunden la estrategia con el fin, sino que la comprenden como el medio. Los osados cruzan los grandes mares, viven las tormentas, las olas inmensas, repliegan las velas y esperan a que amaine. Ellos, también, son los que tienen anécdotas para contar, recuerdos en los cuales refugiarse, una experiencia basada en su aprendizaje, sus cicatrices, su piel curtida; y todo eso cuenta su historia.

El modelo en el que funcionamos y que nos maneja sin que nos demos cuenta nos limita en la proyección del efecto de nuestras acciones, en su calidad y en la valoración del vigor personal frente al desafío de construir una vida mejor para nosotros y para los otros. Incluso varios gobiernos, en especial en América Latina, miran su influencia exclusivamente respecto del tiempo durante el cual pueden manejar el control. Algunos piensan en cuatro o en seis años. Otros creen que se tienen que quedar porque si no, no habrá resultados. En términos históricos, esos tiempos son mínimos y resultan menos efectivos y potentes en el largo plazo. Para la historia, cuatro, cinco, o aun veinte años son tiempos cortos.

No podemos medir la historia por el tiempo que nosotros estaremos, porque eso mostraría con claridad que no hay una visión generalizada ni un compromiso con el logro sino, más bien, con la necesidad de control.

En las empresas, los directivos están focalizados en resolver los problemas cotidianos, en cumplir el presupuesto y los objetivos del año, sin levantar la cabeza para preguntarse dónde estarán ellos y/o la empresa dentro de diez o veinte años. Muchas veces, en mi vida profesional, he recibido la respuesta: "Con todos los problemas que tenemos hoy, ¿quieres que pensemos en dónde estaremos dentro de diez años?". Esta respuesta no funciona como modelo de acción en un mundo profundamente cambiante. ¿Cuántas de esas acciones son reactivas a lo que ocurre? ¿Para qué futuro trabajan?

En la vida personal y familiar funcionamos de manera similar. Observando las relaciones de pareja, vemos que el modelo del control se confunde con frecuencia con el amor: "Sí, quiero que cambies, y me gustaría que fuera en la forma que yo quiero que lo hagas". Si educamos hijos, queremos darles, desde nuestra comprensión del amor, una educación que los lleve a pensar, evaluar y tomar decisiones como nosotros lo hacemos; como si pudiéramos ser ejemplo y modelo de felicidad y éxito.

No nos hemos dado cuenta de que los jóvenes ya no admiran a sus mayores. Lo hacen con sus pares. No somos, en términos generacionales, ejemplo de decisiones que consideren con profundidad a los otros ni al mundo en el que vivimos.

Muchas veces, el pecado se produce al pensar que no tenemos capacidad para influir en lo que ocurre o en el diseño de un futuro diferente de lo que vivimos hoy. El mundo no está formado por tanta gente con malas intenciones o con el propósito de destruir. Tal vez la inacción de los que tenemos buenas intenciones pero no hacemos nada entregue este poder a grupos minoritarios que, desde el miedo, nos paralizan. Tanto Martin Luther King como Albert Einstein han hablado de este concepto.

En estos casos, lo opuesto al control es el *poder*, comprendiéndolo como la capacidad de acción. No es difícil darnos cuenta de esto si solo pensamos, por ejemplo, en la polución que estamos ocasionando en los mares. Si le preguntaran qué capacidad tiene para que los mares se contaminen menos, con seguridad diría que usted solo no puede. Porque así nos relacionamos con el futuro hoy. Ese es nuestro modelo: nos vemos solos, impotentes para los grandes cambios, incapaces. Entonces podemos contarnos muchas historias y buscamos creer en muchas cosas para justificar esa impotencia.

Cuando imaginamos nuestra propia muerte, cambiamos la conducta. Allí podemos pensar a largo plazo, porque la ponemos cada vez más lejos. Nos comportamos como pensadores de términos más extensos y algunos hasta juegan el juego de sentirse eternos. Creer que el hombre es el rey de la creación ha hecho que hagamos juicios de injusticia sobre el proceder de la vida: "Era muy joven para morir". "Hay algunos que merecerían morir. Otros son tan buenos que deberían quedarse."

Solo planeamos para el tiempo en el que tenemos capacidad directa de acción. Ya no creemos que podemos influir en el mundo, en nuestro país, en nuestra comunidad. Nos hemos vuelto unipersonales, con proyectos unipersonales, con una vida que comienza y termina en cada uno de nosotros… Este pensar que a cada instante "el juego se acabó" nos lleva a vivir con la derrota o el triunfo de manera efímera. Perdimos el sentido de la vida como proceso. Como situaciones que abren y cierran caminos, pero pensando que siempre se abren otros si algunos se cierran. El hecho de no confiar en la vida como proceso nos lleva a la cueva del miedo y de la soledad.

El modelo se parece mucho a un perro que se quiere morder la cola: por no creer que podemos, no lo hacemos. No lo hacemos; entonces no podemos. Vivimos en el "sálvese quien pueda", en una guerra anónima y general en la que los enemigos abundan y de los cuales hay que defenderse. El aislamiento es cada vez mayor. Los diseños de los búnkers –físicos o como ideas– son cada vez más cómodos: casas o barrios que lo tienen todo, planes para nuestra propia empresa o nuestra vida personal y, como extensión, la familiar. Estamos cada vez más encerrados y aislados. Con un gusto muy grande compartimos a veces algo con "gente como uno", con pares, y nos molestan las opiniones o los gustos diferentes. No podemos soportar las diferencias.

La búsqueda de la salvación y la seguridad personal o del pequeño clan.

La trascendencia a través de objetos como manera de seguir existiendo.

El futuro como enigma, pensando si seremos capaces de adaptarnos.

El vivir a la defensiva, nos lleva a evitar el contacto visual en la calle, a comprender cada conversación como una lucha donde hay que medir quién va a ganar y, obviamente, quién va a perder. Si esto pasa entre las personas, consideremos que las empresas no son más que personas que trabajan juntas para el logro de un resultado económico común, los gobiernos son personas que, se supone, trabajan para un bien común y que no saben planear más allá de los cuatro o seis años que tienen de mandato, o dicen que deben quedarse porque si no el cambio no sucederá… ¿Cuál es el futuro que se puede crear desde allí?

Estamos locos. Nos hemos empequeñecido, lastimado por defendernos, también nos hemos aislado, destruyendo así la capacidad de generar futuro, porque creemos que hacerlo juntos no es lo bueno o lo que nos salva.

Estamos locos: pensamos en nosotros mismos como principio y fin.

Estamos locos: vivimos la vida como una sucesión de batallas y buscamos ganar todas las que podamos. Nos olvidamos de vivir la vida a lo largo y a lo ancho, de disfrutar el presente, de acrecentar nuestra capacidad de crear y diseñar. La vida es solo este espacio y tiempo que tenemos para vivir. No hay nada que muestre que es lucha.

Estamos locos cuando condicionamos el espacio de la vida para ser felices cuando logremos algo más adelante, en vez de disfrutar el momento en el que estamos, que es además el único.

Locos cuando corremos tras logros o dinero sin habernos detenido a pensar realmente qué necesitamos, quién –o qué– elige por nosotros, a través de una ambición desmesurada que proviene de una exigencia del modelo en que vivimos. Peor aún, porque no nos dice cuándo estaremos satisfechos.

Parte de nuestra locura es el control. Creer que algo solo va a salir si nosotros estamos y empujamos. Que nadie pondrá el empeño y el compromiso que nosotros pondremos, que nadie lo hará igual o mejor que nosotros, que no seremos reconocidos si no lo hacemos con nuestro propio tiempo, sudor y lágrimas. Ese control es alimentado por la desconfianza y la desvalorización de los otros, y el miedo a nuestra propia desvalorización o por parte de los otros, como si no pudieran juzgar qué hay allí para ellos. El perro sigue mordiéndose la cola. Y el proceso no tiene fin más que en el proceso mismo. Se retroalimenta. No lleva al resultado, al sueño imaginado.

Cuando, en *El cáliz y la espada*, Riane Eisler (2000) habla de los primeros humanos (8.500 años atrás), habla de sociedades de convivencia. En ellas se valoraban los poderes nutrientes, generadores y creativos de la naturaleza (el cáliz) más que los poderes destructores y que acercaban a la muerte (la espada). La supremacía de la espada sobre el cáliz, de la destrucción y la violencia sobre la paz, de la soledad y el miedo sobre el compartir, y el temor a la confianza los hemos construido mutando de a poco. Los primeros estudios muestran un mundo de cooperación y solidaridad, lejos de modelos dominadores patriarcales o matriarcales, que rompe también con la absurda linealidad con la que leemos la historia.

Hoy tenemos más capacidad de consciencia para hacernos cargo, declarar nuestro poder y cambiar. Nos sobra información para comprender que las cosas no ocurren por una sola causa –la base de la linealidad–, sino por muchas, por lo que se requiere abandonar la observación desde un solo punto de vista. Ese que nos da el valor de "tener razón". La generación de la *Gestalt* (palabra alemana utilizada para mostrar conjunto, totalidad, la completitud de la imagen) puede acercarnos, pero solo un poco, dado que ni siquiera con esta podemos acceder a la "realidad". Esta búsqueda de otros puntos de vista puede servir para ampliar el conocimiento y, sobre todo, el nivel del consciencia.

Recuerdo mi asombro cuando estudiaba en la escuela y leía los libros de historia, por ejemplo la formación del Primer Gobierno Patrio, ante lo que seguía al título de "Antecedentes". Allí se describía una serie de acontecimientos que no alcanzaba a comprender si habían ocurrido a propósito o si habían sido pura casualidad. Me sorprendía la manera en que estos acontecimientos parecían hilvanarse con total coherencia para llegar a un Primer Gobierno Patrio, aun con cincuenta años de antelación. Hoy puedo darme cuenta de que la complejidad es la base de nuestra evolución, de cómo los pensamientos se van desarrollando y crean realidades, aun a un tiempo de haberse producido. Cada hecho, cada decisión y sus relaciones generan un nuevo curso de acciones inspiradas en renovadas formas de mirar, y constituyen nuevas realidades. Somos parte y cumplimos mandatos de una historia, conocida o no, elegida o que nos eligió.

Hoy somos "Antecedentes" de un mundo por venir. Estamos escribiendo los "Antecedentes", lo queramos o lo ignoremos, pero nuestras decisiones actuales generan un futuro. Hagámonos cargo. Comprendamos que somos creadores del modelo que habitamos y que, si queremos otro, está en nuestras manos cambiarlo. Trabajemos con nuestras propias conversaciones para recuperar la fe, la confianza, la capacidad de acción, convencidos de que podemos hacerlo. Porque si no lo hacemos hoy, habrá otra gente creando ese futuro, que no será casualidad sino obra de un diseño de algunos, y no sabremos si ellos nos han tomado en cuenta, a nosotros y también a nuestros descendientes.

Detenerse, reflexionar y elegir. Construir juntos desde otro lugar. Adueñarnos en forma consciente de nuestro destino, volver a creer que podemos más allá de lo que esté bajo nuestro control son circunstancias que pueden detener la tendencia a la destrucción en la que estamos y devolvernos a una época de paz, respeto y comprensión. Se trata de creer que, después de la autoridad y el poder personal, están la relación y la capacidad de enrolar al otro y de trabajar con él para que encuentre su manera de trascender y de satisfacer sus sueños, y que haga suyo el proceso. Los pequeños sueños personales no alcanzan, tampoco los de corto plazo. Es hora de que pensemos en serio en el mundo que queremos dejar como herencia, como regalo a los que están por venir. Debemos respetar nuestro aprendizaje hasta aquí, honrarlo y volver a aprender. No podremos crear ese futuro sin honrar el pasado, pararnos sobre él y agradecerlo. Es nuestro piso y nuestra raíz. De allí proviene el aprendizaje y podemos elegir el cambio o la transformación. Adoptar la primera opción significa lograr algo diferente de lo que hay o hubo. Se mide por comparación. Aquí radica a veces la mayor dificultad para un logro. Muchos saben lo que no quieren, pero no tienen claridad sobre lo que quieren. Si no sabemos adónde vamos, no podremos elegir el camino para llegar. Otros pelean con el pasado, en vez de aceptarlo, abrazarlo y salir hacia adelante.

Los procesos de transformación abarcan lo que hay, lo incluyen y, sin críticas, buscan un juego más grande. Naturalmente, encuentran que lo que antes había sido problemático queda resuelto como parte del proceso de crear algo más grande que el juego anterior. Hay menos lucha que en los cambios.

El pasado no puede cambiarse, pero puede aceptarse, reinterpretarse como manera de abrir espacio para el futuro que queremos crear. El agradecimiento es base de proyección y crecimiento. La palabra "gracias" viene de "gracia", que significa "amor porque sí", amor solo por ser, sin esfuerzos. Es, en consecuencia, un piso maravilloso sobre el cual pararse para construir.

Por eso quiero ahora hacer un punto y aparte de manera personal. Si miro en mis "Antecedentes", tengo deudas amorosas desde muy atrás con los bisabuelos y algunos abuelos que emigraron de España en busca de un futuro mejor, dejando sus casas, sus familias, y llegaron a Argentina como parias. A algunos les cambiaron el nombre porque no conocían su apellido. Mi abuelo materno José Couso lleva ese apellido y lo heredamos de allí en adelante porque, al llegar al puerto de Buenos Aires, le preguntaron por su nombre. Solo supo decir: "Soy José. El de los Montes Couso". Esa declaración cambió nuestra identidad para la historia. Desapareció allí el Villamide Reijas y pasamos a llamarnos como sus montes, a los que él nunca volvió. Debo también este presente a otros bisabuelos que tocaban las castañuelas con otros gallegos en Parque de los Patricios y que, cada vez que llegaba un barco de España, visitaban el puerto para ver quiénes requerían algo. Cuidaban a los otros para que no sufrieran lo que ellos habían padecido en la orfandad de un país que no conocían.

Otros vinieron de Navarra. Se los ha reconocido por la nariz fuerte, personal, su tesón y su testarudez. Lo digo con orgullo porque parte de eso también corre por mi sangre. De allí es hijo mi padre, su "deber ser", su ambición hasta el punto de negar el dolor frente al esfuerzo, de querer ser fuerte, aun cuando lo que ocurría lo doblara. Este libro también es un homenaje a los que me enseñaron el amor por el amor mismo. El primer amor, el más nuevo. Más allá de papá y mamá, hubo seres que me distinguieron con su amor y me han constituido, como mi abuelo Bernabé, enojón y tacaño, que hizo una historia hermosa de las quince cuadras diarias que tenía que caminar. Cercana al lugar donde pegaba la vuelta a casa, había una peluquería masculina con vidrieras vacías y, en una de ellas, apoyado en el suelo, había un patito de plástico, de estos que movían la cabeza con un imán y parecían tomar agua. Él inventó el cuento de visitar al patito para ver si seguía teniendo agua para calmar su sed. Lo amé a él, al patito y a la hermosa sensación de cuidar a los otros.

Estaba también mi madrina Yuya, quien me eligió y a quien elegí… Un amor sin intereses intelectuales ni económicos, ni de ninguna índole más que el dar. Era modista. Cosió mi niñez con los retazos de las telas e hilvanó su cariño y su protección. Cocinaba dos o tres platos muy simples, exquisitos, amasados y "con gusto a dedo", que constituía un sabor único; sentirlo era como volver al origen.

Ellos me dieron confianza para pensar en el futuro y en su recuerdo me apoyo para escribir este libro. Todo esto es parte de lo que soy y de lo que proyectaré en el futuro. Algunos de ellos corren por mi sangre, viven en ella. Seguirán en mis hijos y en sus hijos, y en sus hijos… Es mi hoy. Es mi homenaje.

Honrar el pasado es una forma de apoyarse en él para crear futuro. Negarlo, desvalorizarlo nos empequeñece. Nos trajo hasta hoy. Nos dio la historia que nos contamos y, aunque no queramos, somos sus héroes. Es darnos cuenta de la relación sistémica y de nuestro juego. Cerrar espacios y salir a cimentar un futuro diferente son habilidades que tenemos que construir. Desde las emociones e interpretaciones que hoy sostienen la cultura en la que vivimos, no hay muchas posibilidades de hacerlo. El odio, el rencor, el no perdón solo sirven para no soltar y tienen como base la desvalorización personal. Para construir un mundo más grande no podemos eliminar el anterior, debemos incluirlo. El mundo necesita de hombres y mujeres dispuestos a soltar el pasado cerrándolo y amándolo, y a dedicarse a crear un futuro que influya a muchos.

Va este mensaje para ser escuchado y discutido, para conocernos más en nuestro modelo de interpretación, como hilo conductor para construir un mejor lugar para todos; ojalá sirva para inspirar a alguno a atreverse a entrar en lo desconocido y, con miedo y todo, hacerlo. La historia fue escrita a partir de aquello que no siguió la lógica de los hechos, fue disruptiva, generó nuevas ideas, una nueva manera de observar y, en consecuencia, un nuevo mundo para todos. La humanidad no ha progresado solo por la lógica, sino sobre todo por las decisiones que rompieron con lo esperado y dieron origen a nuevos mundos para ser habitados.

Este libro pretende romper algunos moldes; con insolencia querría romper un paradigma, cambiar un contexto y una cultura para poder relacionarnos con el futuro de una manera diferente.

Lo inspira un compromiso con la idea de ser un canal para abrir los ojos ante la ceguera en la que vivimos, para darnos cuenta de que hay mucho más amor del que disfrutamos, de que somos mucho más que eso que creemos, aun cuando nos creamos mucho, y mucho más pequeños si nos imaginamos que habitamos un mundo que es solo un punto dentro del universo, de que no podemos controlar nada aunque busquemos controlar lo más posible de que todos aspiramos a sentirnos útiles para ser amados y que podemos ser útiles sin necesidad de manipular a los otros, de que la riqueza existe allí, disponible, y solo hay que saber abrir las manos, las ideas y el corazón.

No creo que nadie en el mundo haya nacido de modo equivocado. Creo que, a veces, no encontramos una respuesta durante nuestro tiempo de vida. Creo que nosotros, los seres humanos, no somos menos que la vida. Somos parte de ella. Somos parte de ella y de su plan; tal vez no podamos comprender algunas cosas si las analizamos puntualmente y fuera del contexto del tiempo y del preservar. Sin embargo, y mirando desde hoy hacia el pasado, podemos leer y comprender los cambios y las creaciones.

Este libro planteará con humildad un posible análisis del origen de nuestra interpretación y de cómo hemos llegado hasta aquí. Buscará una nueva base sobre la que desarrollar la comprensión de quiénes somos y en qué podemos incidir para el cambio.

Evaluará cuáles son las relaciones fundamentales que nos hacen humanos y qué consideraciones básicas tendríamos que tomar en cuenta en este camino irreversible hacia adelante para vivir el día de hoy con mayor intensidad, la relación con el futuro con más alegría y responsabilidad, para hacer más por transformarlo. En la presente etapa de este texto analizaremos aquellas nuevas maneras de ver el mundo que nos permitirían hacernos cargo de generar un futuro elegido así como de preservar la continuidad del mundo en el que vivimos.

Un regalo de Jim Selman es observar estas tres distinciones que pueden hacer una gran diferencia. Trabajaremos estas tres grandes maestrías en la vida, solo tres relaciones que definen quiénes somos y qué es lo que podemos:

– la relación con el *tiempo,*

– la relación *consigo mismo* y con los *otros,*

– la relación con las *circunstancias.*

Trabajaremos juntos nuestra relación con el futuro como parte de la relación con el tiempo, traeremos nuevas distinciones que puedan servir para recobrar la calidad de la elección humana que nos permite pensar y diseñar futuros para cincuenta, cien o más años. De esta manera nos haremos cargo de dejar en este mundo algo que no podremos controlar, que no conoceremos pero que disfrutarán aquellos que nos hereden, inclusive a través de nuestro ADN. Este rebotará y seguirá existiendo dentro de varias generaciones…

Este libro quiere ser un llamado a construir la confianza de modo responsable, a crear una sociedad que atienda y proteja a sus miembros y al entorno en el que viven. Quiere despertar la capacidad de crear, y hacerlo desde el lugar del amor y el largo plazo: atrevernos a construir aun para cuando no estemos, pero que quede nuestra trascendencia, en nuestros hijos, nietos, bisnietos, tataranietos, y cada vez más lejos hasta llegar a sentirnos otra vez hermanos o parientes y alegrarnos de la supervivencia de la raza humana, tanto como de la de nuestro propio grupo. Así deben haberse alegrado nuestros ancestros, cuando la supervivencia de la manada era el consuelo por la pérdida de alguno de sus miembros.

PRIMERA PARTE

COMPRENDIENDO DE DÓNDE VENIMOS Y DÓNDE PODEMOS INTERVENIR

CAPÍTULO 1

EL POSIBLE ORIGEN DE ESTA CONVERSACIÓN: PARADIGMAS Y OTRAS CONVERSACIONES MENORES, O NO TAN MENORES

Las cosas grandes del mundo solo pueden hacerse prestando atención a sus pequeños comienzos.

LAO TSÉ

En el fondo del pozo

La ilusión del control, la viví algunas veces en mi vida...

Es un golpe duro cuando uno se da cuenta, cabalmente, de que la realidad no es como quiere o pretende que sea y cuando, además, se siente impotente para cambiarla.

Es más, mucho más que un golpe duro. Es devastador. Se siente como si el mundo entero conspirara en contra. Y la pregunta que surge es por qué, por qué me pasa esto si siempre actué de acuerdo con mis mejores convicciones y siempre hice todo bien.

Empecinado, convencido, desesperado, uno se va agotando y desgastando como si arañara las paredes de un oscuro pozo en el que por suerte o por desgracia nadie lo ve, porque nadie mira. Aunque sí le tiran la endeble cuerda de imponerle consejos, opiniones, puntos de vista y sentencias, en nombre de los que suponen conocerlo. Que no le sirven. Que lo irritan. Que lo descalifican y aíslan, porque la gente dice lo que dice y se aparta: ya cumplió con su conciencia.

Le habrá pasado. Tal vez le esté pasando.

Llega a sentir que es invisible, que no figura en la lista de la vida. Piensa cosas horribles. Se llena de preguntas. De silencios. Y de gritos interiores.

Este tipo de crisis siempre nos está esperando, está latente; llega antes o después, pero nos toca a todos porque forma parte de nuestra propia humanidad y es fundamental para nuestra evolución. Por lo tanto, y aunque no nos resignemos con facilidad, esta no nos es ajena.

Pero el ego...

La crisis nos sorprende como un baldazo de agua fría que nos cae encima un día, en determinada circunstancia, cuando uno se mira en el espejo y concluye que no va más, que no tiene la fuerza necesaria para seguir sosteniendo el montaje construido, el orden en que las cosas funcionaron durante un tiempo, la proyección de la imagen de alguien que tiene su situación bajo control. El cuerpo, no importa su dimensión, ya no puede, ya no quiere cargar con esa historia... a menos que, a toda costa, queramos continuar contándonos el mismo cuento.

Es en ese momento, despiadado, crudo, extremo, cuando, si nos damos la oportunidad, asoma la posibilidad de decirnos honestamente nuestra "verdad". Esa "verdad" relacionada con el reconocimiento de lo que pasa, de nuestra propia imposibilidad, de que las cosas han cambiado, de que perdimos el control.

La RIGUROSA HONESTIDAD es la salida: decirnos a nosotros mismos las cosas como son y ser capaces de asumirlas ante los demás, sin maquillaje.

Que ¿se hace? No, no se hace. Se dicen las cosas como se cree que son y es comprensible: se invirtió mucho en esta convicción.

Parte de este proceso, si lo que queremos es un futuro diferente en vez de alimentar la coherencia del pasado, consiste en aceptar, entender que no podemos confiar en nuestra manera de pensar. Creer que lo que estamos pensando está bien o está mal, seguir pensando en lo que pensamos es parte de la prolongación del modelo. Porque lo que salga de allí siempre será más de lo mismo o, a lo sumo, algo un poco mejor, algo un poco peor.

Nuestra manera de pensar representa gran parte del problema. Podemos descubrirnos por lo repetitivo del pensamiento, por el intento desesperado de tener razón, de separarnos de lo que ocurre con mil excusas. Esa forma de pensamiento es autorreferencial, centrada en uno mismo: uno es el ombligo del mundo y alimenta eso con que "así como yo lo veo, es como es".

Con mucho esfuerzo, con mucho dolor, terminamos admitiendo que somos prisioneros de nuestra propia mente y sin posibilidad de escape... Que no podemos salir de nuestra manera de pensar porque no podemos pensar en nuestra manera de pensar.

Cuando estamos allí, en esa trampa, no tenemos capacidad de acción, nos sentimos desnudos, desprotegidos, dependientes, sin la chance de resolver algo distinto. Entonces caemos en la cuenta: el control y la seguridad son inventos de una cultura de la que nos agarramos con desesperación... Y de manera automática, perdemos todo poder sobre aquello que suponíamos controlar.

Es cuando aprendemos a rendirnos, que no es lo mismo que resignarnos o sucumbir...

Cuando podemos aceptar que no tenemos poder ni control sobre nada ni sobre nadie, comprobamos que estamos profundamente solos. Y, entonces, *todo puede cambiar. Es la perfecta ocasión, el momento perfecto. Casi como con solo pestañear, podemos iniciar un nuevo camino. Tomar conciencia de nuestra verdadera naturaleza y conectarnos con la verdadera fuente, el origen del poder y la posibilidad.*

Algunos lo llaman poder superior, otros lo llaman Dios, energía...

Jim Selman me enseñó que en mi trabajo, el que hago, el del campo profesional en que me muevo, a eso se lo llama maestría.

Cuando ya no estamos controlando el "efecto", cuando convencidos nos declaramos responsables de todo, somos libres y estamos en condiciones de alcanzar la maestría. No solo para trabajar con ella, también para hacer más rica nuestra propia experiencia vital.

Si logramos dejar el ego de lado y permitimos que el poder, el verdadero poder, fluya a través de nosotros, comenzaremos a experimentar la magia. Para eso se necesita confiar en el universo (o como queramos llamarlo), en el proceso de la vida como parte de ella: la confianza vital.

Esta radica en confiar en el proceso mismo de la vida, o en algo más grande de lo que uno es parte: el punto del que, para algunos, todos somos parte. Otros lo llaman energía superior o la fuente o Dios. La confianza genera unión, desaparece el miedo y volvemos a estar conectados con todo.

Por eso rendirnos no es sucumbir a aquello que queremos controlar y soltar. Es, simplemente, rendirnos a nuestra limitación humana, confiar en esa otra coordinación más grande que la que nosotros podemos generar, confiar en el sistema. Es aceptar que la vida es todo esto que nos sucede y que somos parte de ella. Reconocer que, cuando queremos controlar, estamos privándonos de ser parte.

Rendirnos y aceptar –plenamente lo que sucede– son sinónimos. Representan la capacidad de elegir lo que ocurre desde la libertad. Elegir aun el dolor que hay que transitar es estar vivo *y es vivir plenamente. El juicio de que el dolor o el sufrimiento "están mal" es lo que nos limita. Estar presentes frente a las circunstancias y a lo que nos pasa es lo que nos devuelve el poder, la capacidad para seguir eligiendo. Culpar no habilita el poder y, como emoción, nos aleja, nos pone en indefensión.*

Darnos cuenta y realmente aceptar que "es lo que es y es todo lo que es", que no hay nada ni mejor ni peor que esto, hacen que:

- *mañana sea pura posibilidad,*

- *ayer sea solo una historia,*

- *hoy sea solo una conversación.*

Desde aquí aún podemos elegir el futuro que queremos vivir, la vida que queremos construir. En forma graciosa, estamos otra vez entre el control y la elección, entre la vida, sus circunstancias y nuestros sueños. De la manera en la que, construyendo, nos relacionemos con todo esto dependerá la construcción de ese futuro y de la felicidad.

Paradigmas

Es interesante observar el cuadro de *La Transfiguración* de Rafael Sanzio[1]. Este extraordinario pintor murió a los 37 años y el cuadro es considerado como su última obra. En ella diseñó dos planos en la escena: uno, el que está más arriba, muestra sobre un montículo a Cristo vestido de blanco y ascendiendo, suspendido en el aire, hacia los cielos, acompañado por dos hombres. Tres hombres recostados sobre el césped descansan... El otro plano muestra a varias personas observando azoradas a un joven que, con mirada desorbitada, señala a la figura que asciende.

La interpretación clásica del cuadro dice que pinta dos episodios sucesivos del Evangelio según San Mateo: la ascensión y transfiguración de Cristo desde el Monte Tabor,

1 *La Transfiguración* de Rafael: http://www.schillerinstitute.org/newspanish/ InstitutoSchiller/Arte/TransfigRafael.html

y la curación de un epiléptico que los apóstoles no habían podido realizar. Lo acompañan en ese ascenso los profetas Moisés y Elías. En el monte, asustados en el suelo, quedan tres de sus discípulos: Pedro, Santiago y Juan. Esta parte del cuadro tiene una luz especial, un contexto diferente a lo que ocurre en su parte inferior. Hay una magia, una paz y una sensación de plenitud y de completitud.

En el sector inferior, al pie del monte, en el lugar más oscuro, no existe la magia de arriba, ni su paz. Aquí hay un grupo de hombres y, con probabilidad, dos o tres mujeres. En un plano muy posterior, podemos suponer, por su manto celeste, que una de ellas es María. Un niño aparentemente epiléptico señala hacia arriba y adelante, hacia donde Cristo está ascendiendo. La crisis del niño domina la escena: todos están atentos a él. Alguna mano lo señala, otras apuntan en diagonal hacia arriba. Pero nadie en esta multitud mira el montículo ni la escena de la ascensión: solo este joven desencajado que la señala. El torso desnudo y el hombre que está detrás dan muestras de que, tal vez, no esté en sus cabales. Otros dos comentan, mientras los señalan, como si hablaran de lo que le pasa al niño. Un solo hombre, sobre el lado izquierdo, parece mirar en diagonal hacia donde se produce la ascensión, mostrándola. La belleza y la perfección de la pintura, su equilibrio nos hacen maravillar ante el arte y la imagen. Según dice la interpretación clásica de esta parte de la escena, el niño que señala la ascensión con cara de descontrolado y ojos desorbitados es un epiléptico que los apóstoles no podían sanar y que Cristo curó durante su ascensión.

La descripción del cuadro en dos escenas consecutivas del Evangelio, la Ascensión y la cura del epiléptico por Jesús, es la historia que suele contarse. Sin embargo, la combinación de ambas parece estar narrando otra cosa.

Dejemos el tema religioso de lado y hablemos solo de paradigmas: ¿quién es el que, en realidad, observa la ascensión?

El único que, parece que "ve" la ascensión es el joven de la mirada desequilibrada. ¿Será, tal vez, que el único que pueda observar esa escena sea él? ¿Es posible que los demás observen su locura y no vean nada ni a nadie ascendiendo a las alturas?

¿Qué hace que cuando miramos este cuadro no nos percatemos de estas dos escenas como separadas? Quizá nuestra propia creencia acerca de la ascensión de Jesús nos haga observarla como totalidad y contar una historia de la Ascensión y de los hombres testigos.

Si observamos la escena desde la visión de un demente, también está allí. Lo que ocurre arriba es solo imaginación: pertenece a otro mundo, a otra luz.

Nuestro propio modelo o paradigma nos hace interpretar lo que observamos. Aún más, solo nos deja observar lo que calza en ese modelo. Y este condiciona el contexto en el cual las cosas suceden o no… Cada uno puede ver en el cuadro una historia diferente, de acuerdo con lo que su propio modelo o paradigma le permite ver.

Cuando en compañía de unos amigos observamos este cuadro en el Museo del Vaticano, Dionisio Quinteros, agnóstico declarado, nos mostró esta diferencia. Respondimos con sorpresa y nunca más pudimos observarlo como lo habíamos hecho antes. Cuando un paradigma se altera, nuestra manera de observar cambia.

Este modelo del que no nos damos cuenta pero que influye tan profundamente es la base de la coherencia con la que tomamos decisiones y, por ende, la que aparece en nuestras vidas.

Hasta ese momento yo creía que las cosas sucedían algunas veces y otras no, como si la magia (entendiendo por ella el que ocurra algo que excede las condiciones normales o conocidas) influyera en nuestras vidas, genere nuestro destino.

A veces aparecen personajes, como el loco o el enfermo del cuadro, que ven lo que los demás no somos capaces de observar. Con frecuencia, los hacemos callar, los desvalorizamos, nos parapetamos en la imagen del ridículo para sentirnos seguros. Sin embargo, ellos son quienes generan los cambios, los mundos nuevos. Al principio los ven solo ellos. Luego buscan cómplices, otros que puedan observar lo mismo. El fenómeno se vuelve común cuando, según Ilya Prigogine (1983), un número de personas cercano al cinco por ciento comprende y comienza a compartir la manera de observar. Entonces, el modelo cambia y el mundo adopta la nueva visión.

Paradigma es el espacio que habilita o cierra la posibilidad de que se desarrollen los acontecimientos: un espacio poblado solo por juicios u opiniones, interpretaciones no tan conscientes, y fundamentalmente inconscientes, incontrolables y pocas veces susceptibles de ser desafiadas, que son la base sobre la que se apoya la manera de escuchar o interpretar al otro. Es el espacio que decide lo que se puede conversar y lo inconversable.

Nuestra manera de ver el mundo es parte de nuestra biología. Se hace "carne", contracciones musculares, tal vez memoria celular, y genera reacciones que suponen que si la revisáramos dejaríamos de ser quienes somos. Puede haber parte de verdad en esto. Tal vez vivamos nuestra manera de ver el mundo como constitutiva de quienes somos y dudar con respecto a ella nos lleve a una seria crisis de identidad. El paradigma tiene como misión mantener el *statu quo*, lo conocido; nos da seguridad. Somos capaces de defender lo que conocemos, aun pagando altos precios. El paradigma nos asiste en generar códigos comunes que nos permiten identificarnos con otros y sostener esas "realidades" aunque no nos hagan felices. No es su razón de ser hacernos felices; por el contrario, es más importante preservar lo que hay que buscar algún cambio. Porque hasta el sufrimiento y el dolor son conocidos, y sabemos manejarlos.

El mejor mecanismo para evitar el cambio es el control: control de la imagen, del otro, de las circunstancias, de lo que ocurre o no queremos que ocurra. El control nos lleva a negar aquello que no queremos aceptar. Hacemos cualquier cosa por querer "mantener" lo que conocemos.

El cambio es posible, pero nunca desde afuera; solo puede producirse cuando nosotros estamos dispuestos a cambiar. El cambio en la manera de observar, en nuestros puntos de vista, genera el cambio en nuestros estados de ánimo, en las relaciones y en los resultados. Para lograrlo es necesario ser consciente de nuestras propias formas de ver las cosas y aceptar que no son la verdad, sino nuestra propia manera, nada más. La mayor parte de nuestras percepciones sucede en forma inconsciente. Por eso el cambio se hace tan complicado. Siempre suponemos que es el otro, o las circunstancias, lo que tiene que cambiar.

En 1900 Lord Kelvin dijo: "Nada queda por ser descubierto en el campo de la física. Todo lo que nos falta son medidas más precisas". Cinco años después de esta declaración, en 1905, Albert Einstein (2012) publicó un trabajo sobre la relatividad espacial que superaba la mecánica de Newton, utilizada para describir la fuerza y el movimiento desde hacía doscientos años. Newton no había llegado a un error de interpretación, sino a una conclusión que podía aplicarse a velocidades menores que la velocidad de la luz.

En *La estructura de las revoluciones científicas*, Kuhn (1996) declaró que "las sucesivas transiciones de un paradigma a otro a través de alguna revolución, es el patrón de desarrollo usual de la ciencia madura". Nos mostró que los modelos de interpretación de la ciencia gozan de una influencia poderosa en la explicación de los resultados. Esa posición frente a la ciencia fue un gran cambio en sí mismo.

No podemos partir de "la nada" para interpretar. Partimos de una serie de interpretaciones que son el origen, y olvidamos que lo son, tomándolas como verdad. Estos compromisos teóricos son la base del modelo paradigmático y, en general, nos quedan en la transparencia y no dudamos de ellos. Podemos modificar algunas creencias dentro del modelo y esto produce un reajuste del marco de interpretación. Otras veces, una observación diferente trae a cero todo lo anterior y genera el cambio paradigmático. Cuando una comunidad de cualquier tipo, política, religiosa o científica, comparte el modelo paradigmático, la linealidad en el espacio-tiempo genera que no haya cambios profundos porque se vive en medio de una verdad inmutable y se frena la evolución.

Kuhn habla de cambio paradigmático como un cambio de anteojos. Al principio cuesta adaptarse, pero cada vez se ve mejor, cada vez se pueden explicar más cosas a partir de él, hasta que el modelo deviene la base de la interpretación, como no poder vivir sin los anteojos. Determina nuestra percepción de la realidad tiñendo, enmarcando, tamizando cualquier cosa para que calce dentro del modelo. No hay percepciones neutras, verdaderas u objetivas. Los cambios paradigmáticos son la base de los resultados extra-ordinarios.

En consecuencia, para poder observar, "descubrir" algo nuevo, hay que estar dispuesto a salir del sentido común, de la lógica que creemos que es una sola: es la única lógica que tiene el modelo desde el cual pensamos. Una vez incorporado lo nuevo, se va haciendo transparente porque nos vamos acostumbrando a él. No volvemos a discutirlo porque ya forma parte de la nueva lógica. Si pudiéramos imponerlo en la cultura, en el uso de los otros, entonces –además– pasaría a formar parte del lugar común que maneja nuestras vidas.

Este modelo es compartido en su mayor parte por el género humano. Es ontológico, cambia la manera de observar, de ser. El paradigma no solo nos permite vivir en comunidades, sino que ejerce un poderoso control sobre nosotros, decide qué podremos ver y qué se nos pasará inadvertido, y hace que nos acerquemos a aquello con lo que estamos de acuerdo, y neguemos y discutamos todo lo que no coincide con él.

Paradigmas, cultura y contexto son fenómenos similares que ocurren fuera de la "realidad", pero que definen qué realidad ocurrirá y cómo sucederá. *Paradigma* es el término más amplio, que define todo el modelo de pensamiento y de interpretación. Los paradigmas afectan el modelo de interpretación de la ciencia, de la política, de la sociedad, del tiempo en que vivimos, de una región. Son sociales, nos influyen a todos por convivir en el mismo tiempo. No son un fenómeno personal, porque cuando alguna persona decide cambiar el modelo, es preciso que otras la sigan, o tendrá que pedir perdón y volver al punto anterior. Los paradigmas compartidos generan estándares de hasta dónde se puede llegar y cómo lograrlo. Son la base de lo que llamamos "la lógica" y la usamos para explicar y para tomar decisiones. El modelo o paradigma cartesiano en el que hemos vivido desde los siglos XVII y XVIII nos hizo creer que estamos formados por "sustancia pensante" y "sustancia extensa", y nos introdujo en un dualismo según el cual dos elementos diferentes y separados nos componen. Esta manera de ver el mundo se extendió con rapidez, aun en vida de Descartes, y nos influyó en forma notable. Por ejemplo, nos llevó a observar la humanidad dividida en etnias y nacionalidades.

En un terreno más cercano a la vida personal, el amor como base del matrimonio y de la elección personal tiene una antigüedad de apenas ciento cincuenta años. Antes de eso, el matrimonio era entendido como una sociedad basada en una estructura de negocio o de conveniencia.

La *cultura* forma parte del paradigma y tiene un color más histórico. Se basa en aquellos modelos y costumbres que repetimos sin cuestionarnos. Limitan nuestra manera de pensar y nos llevan de modo natural a preservarla. Si alguien la cuestiona, reaccionamos en una defensa automática, buscando neutralizar el peligro; aunque ese modelo no sea fuente de satisfacción, lo defenderemos solo porque es lo conocido y lo que creemos que debe ser. Aquí se juntan ritos, costumbres, maneras de ser compartidas, modas, etcétera, que cubren una gran parte de nuestra vida.

Las relaciones entre padres e hijos, entre empleado y jefe, la obediencia, por plantear algunos ejemplos, son formas moldeadas por la cultura. Esta influencia también se manifiesta en la manera de relacionarnos con la edad, la moda, el aprendizaje.

En la Edad Media, el aprendizaje se producía por imitación: el discípulo se quedaba junto al maestro, y aprendía al ver y repetir lo que él hacía. Pasaba por diferentes etapas de acuerdo con la habilidad desarrollada. Los oficios estaban regulados por *gremios*, que comandaban los más capaces y que disponían si podía trabajar en su jurisdicción algún otro artesano de su misma profesión. Comenzaban siendo aprendices, luego pasaban a ser oficiales o compañeros y culminaban su carrera como maestros.

El *contexto* es como la música de una película. Aunque en la escena no esté ocurriendo nada, es el fondo musical lo que marca que algo va a suceder y, además, cómo será eso que ocurrirá. Genera la expectativa hacia el temor, la violencia, el amor, la comprensión… Es como llegar a un lugar para comer. Sabemos que vamos a comer, pero el contexto, cómo está puesta la mesa, para cuántos comensales, en qué lugar, con qué arreglos y decoración, nos dice qué va a pasar, de qué vamos a conversar y de qué no podremos hablar.

El contexto es escuchable y manejable en general, aun para decir: "En este contexto no podemos hablar ni crear nada nuevo". El contexto nos maneja, porque no podemos escuchar aquellos juicios que nos hacen pensar como pensamos, aquellos juicios que son raíz y, en muchos casos, hasta nos constituyen; entonces nos aferramos a ellos como si dejarlos de lado significara dejar de ser quienes somos.

El contexto es escuchable: nos permite saber de qué se puede hablar y cuáles son los temas inconversables. Con seguridad tenemos alguna anécdota en la que hayamos ido a hablar con alguien y plantear algún tema que nos resultaba complicado o delicado. Salimos sin poder tener esa conversación y decimos: "No se pudo. No había espacio para hablar de ello". Ese espacio es el contexto.

Estos modelos generan una manera de observar el ocurrir de las cosas, opinar sobre si está bien o mal que ocurran, si son lógicas, a tiempo, si son un problema. Sucede lo mismo en la relación con la gente. Sobre todo, poder observar cómo el otro se equivoca o "nos hace daño" con sus acciones. Con claridad, el otro debe cambiar o las cosas están mal. Todo, en este modelo cultural en el que vivimos, ayuda a pensar que no somos nosotros los que generamos realidades, sino que el acento viene colocado hacia el lugar del otro. La noción de separación con lo que ocurre nos lleva a que no nos veamos como origen, fuente o a que no tengamos que ver con ello. Hemos sido educados para preservar el lugar de la razón y la verdad como la fortaleza. Nuestra individualidad nos parece comprobable. Al encontrar en el tener razón y en creer que conocemos la verdad los valores que debemos defender, nos separamos cada vez más de los otros y de lo que ocurre. Terminamos por tener razón, aunque disminuya la capacidad de logro.

Entender y ejercitar conversaciones en las cuales podamos tomar como punto de partida nuestra relación con lo que ocurre dio lugar a grandes cambios y nuevas posibilidades. Poder preguntarnos: "En realidad, ¿qué está pasando?" y separar nuestras opiniones de los hechos, es el comienzo de una posibilidad interesante. Y aun usando este modelo, nos cuesta comprender que solo podemos observar y "pensar", "reflexionar" sobre aquello que nuestro contexto, nuestra cultura o nuestro paradigma nos deja observar. Es sugestivo percatarnos, además, de que ese contexto también limita nuestra manera de pensar, porque nos permite pensar dentro del modelo, pero es muy difícil que nos dé acceso al modelo que nos hace pensar lo que pensamos.

La cultura, que tiene un contenido de base histórica, tiene relación con lo aprendido, con el lugar donde hemos vivido y con nuestro cerebro. El *Diccionario de Inglés Oxford* (2005) dice que "cultura es el cultivo o desarrollo de las mentes, sus facultades, sus formas, etc. La mejora o refinamiento dados por la educación y el entrenamiento; el entrenamiento, desarrollo y refinamiento de la mente, de los gustos y maneras". Por su parte, el *Diccionario de la Real Academia Española* (2014) define así la noción de "cultura (Del lat. *cultūra)*" en varias de sus acepciones: "1. f. cultivo. 2. f. Conjunto de conocimientos que permite a alguien desarrollar su juicio crítico. 3. f. Conjunto de modos de vida y costumbres, conocimientos y grado de desarrollo artístico, científico, industrial, en una época, grupo social, etc.".

La cultura también tiene que ver con nuestro entrenamiento en diferentes actividades, en la interacción con otros, en nuevos aprendizajes, puntos de vista y tecnologías; con la generación de costumbres a partir de actos repetidos, maneras de pensar repetidas. Pertenece tanto a lo que hemos aprendido a propósito como a aquellos puntos de vista que nos llegaron con la leche tibia del biberón y no nos preguntamos siquiera por qué es así. Nos pone los límites para lo que hacemos y hasta para lo que vamos a crear.

Según afirma Norman Doidge (2008) en *El cerebro se cambia a sí mismo*, nuestros antecesores, los chimpancés, tienen ciertos visos de crear cultura: aprenden símbolos, crean herramientas y enseñan a otros a usarlas, se comunican. Chimpancés y humanos tenemos en común el 98 por ciento de los genes. Sin embargo, la diferencia radica en el dos por ciento restante. A partir de la formación de nuestro cerebro se genera un número de neuronas. El gen de los humanos permite que se formen más de mil millones de neuronas. El gen de los chimpancés detiene antes esta formación y posibilita la generación de un cerebro que representa la tercera parte del cerebro humano. Estas neuronas humanas se relacionan al generar circuitos en números superiores a 10 con un millón de ceros detrás. Cada aprendizaje genera un nuevo circuito y altera los relacionados.

Este gran número de circuitos nos da esperanzas de cambiar. También nos muestra cómo y por qué tendemos a repetirnos una y otra vez, y que todo esfuerzo por algo nuevo requiere no solo que lo distingamos sino que lo practiquemos para asentarlo y mantenerlo.

Esta configuración también funciona como fuente de inspiración y fuerza creadora. Podemos generar un contexto en el cual estemos conectados con lo mejor de nosotros mismos y de los otros, lo que equivaldría a crear un contexto de respeto y de posibilidad. Sin embargo, si bien se escucha como una opción muy auspiciosa y generosa, es posible que, en el momento de ponerla en práctica, el límite lo vuelvan a poner nuestros juicios y una emoción de la que hablaremos con detenimiento: el miedo.

Algunos creen que su "yo" termina donde termina su cuerpo, su piel o su aura. Otros pudieron observar que para los animales, que no tienen lenguaje, ese "yo" unipersonal no existe y ellos son uno con los otros y el universo. Es lo que les permite mantener el espíritu de manada.

El mundo está en crisis. El paradigma que habitamos está en crisis. Cada día somos más conscientes de que el modelo imperante no funciona. Algunos están buscando crear un contexto que permita incluir, generar posibilidades para todos y para todo. Otros aceptan adaptarse. Algunos más, la mayoría, defienden con desesperación las paredes del paradigma en el que vivimos, en un desconcertante "¡Sálvese quien pueda!".

La inspiración que nos mueve es la posibilidad de colaborar en la creación de este nuevo mundo, para nuestros hijos, los hijos de nuestros hijos, los que los sigan y para nosotros mismos. Tal vez no alcancemos a ver el nuevo paradigma en funcionamiento.

Creo que en las empresas se consiguen resultados extraordinarios gracias a que la gente que las transita los logra. Lo hacen cuando pueden extraerse de sus dolores, esos que se producen cuando soltamos nuestros juicios como si fueran algo querido e importante. Lo hacen cuando son capaces de superar sus propios límites, de poner en práctica su resiliencia, su flexibilidad para reconstruirse después de un fracaso. La empresa no es otra cosa que la gente que está dentro, y su tamaño corresponde al tamaño de su gente. Parte de crear un mundo en paz pasa por generar en las empresas espacios de humanidad, respeto, alegría y posibilidad de crecimiento.

Como humanos, además de adaptarnos, tenemos el privilegio de poder crear. Crear es un acto infinitamente humano y superior: es un acto de elección. Así como la mayoría de nuestras acciones pertenece al automatismo de la preservación de la cultura, la creación exige un paseo por la no cultura, el no saber, el cuestionamiento, la originalidad. Estos actos son también contribución. Las creaciones afectan no solo el mundo personal, sino que modifican de alguna manera el espacio que compartimos.

Nuestro mundo hoy requiere de estos inspirados contribuyentes que colaboren en la creación de un espacio nuevo. Por ello, este libro busca ser un pequeño aporte para el conocimiento de una metodología que puede asistir en el proceso.

Creo con firmeza que la ontología del lenguaje es un modelo que en estos momentos puede dar respuestas a nuestras búsquedas de paz. ¿Qué es acaso la paz, sino el respeto por las diferencias y la coordinación de acciones? No creo, obviamente, que este modelo sea la panacea. Es en él que hoy creo. En él que hoy podemos basarnos.

Plasmado en el libro *Ontología del lenguaje* por Rafael Echeverría (2006), este sistema es un espacio de reflexión, de conversación, de discusión, de aporte y de generación de compromiso en la complicidad para la construcción de un mundo mejor que el que hoy habitamos. No se propone como un recetario que nos lleve a la felicidad.

A propósito, y de manera errónea, utilicé en un párrafo anterior la palabra "búsqueda". Siendo ontológicamente correctos, tendríamos que decir "creación". ¿Qué buscar? ¿Dónde buscar? ¿Dónde puede existir la paz? Solo en nuestro lenguaje. En la invención de nuevas distinciones y palabras que nos permitan acercar ese nuevo mundo para vivir. Por ello, propongo *"vivir intencionalmente"* como una distinción que marque la diferencia en ese espacio de conciencia de "servir a la máquina del más de lo mismo" y "estar atentos al contexto y a la creación de mundos nuevos". La necesidad de saber, de controlar, de seguridad es una adicción. Y si hay algo que la vida se encarga de desmoronar como con un soplido un castillo de naipes, es "la realidad" en la que vivimos. Allí comienzan las crisis, las luchas por querer volver al punto anterior, a lo que ya conocemos, a lo que ya manejamos…

Sin embargo, tengamos presente que todo esto que estamos diciendo tampoco es la verdad, sino simplemente un modelo que puede ofrecernos una salida. Tal vez nuestra búsqueda desesperada de seguridad, como si esta existiera, sea una condición de nuestra cultura. Solo nos hacemos preguntas para las que conocemos aunque sea algo de su respuesta; nos afirmamos en lo que sabemos, creemos en nuestras verdades. Nos olvidamos de preguntarnos qué hace que nos hagamos las preguntas que nos hacemos. Allí comenzaríamos un viaje diferente. Un viaje que quizá nos lleve a los límites de nuestra caja, de nuestro paradigma, de nuestra cultura, del contexto que hoy nos confina en nuestro espacio de creación y al cabo del cual podamos, entonces, dar un primer salto.

Se ha hablado mucho de qué es la felicidad: para muchos, es la consecución de momentos en los que ocurre exactamente eso que ellos estaban esperando. Para otros, la felicidad tiene que ver con el camino en el que se crea eso que querríamos que ocurra para nosotros y para los otros. Entonces la felicidad deja de ser una sensación para transformarse en una evaluación de vida relacionada con el compromiso y el logro, con el dejar huella, con el asistir a la creación de un mundo mejor al que hemos llegado. Para otros más, la felicidad también está vinculada con la plena aceptación y elección de cada momento, incluidos los que duelen, estar presente en ellos, y comprender nuestro modelo de interpretación que genera ese dolor.

CAPÍTULO 2

HACIENDO ALGO DE HISTORIA
SOBRE EL FUTURO

*El escándalo del universo no es el sufrimiento
sino la libertad.*

GEORGES BERNANOS

Los aluxes son seres diminutos que aman a sus dueños y los obedecen. Estos son los que los moldearon en barro y les dieron vida, a condición de quedar ocultos, para que protegieran a la tierra, a la familia, a sus sueños. La relación entre ellos es muy íntima. Tanto que los dueños les hacen ofrendas y les rezan para que cobren vida y se mantengan cerca. Con esto, los aluxes son sus fieles seguidores, pero traviesos con los desconocidos. En sus juegos, asustan a niños y adultos, esconden cosas, generan brisas extrañas y, a veces, se dejan ver.

Lo hacen en tiempos que semejan un suspiro, que generan dudas de si fue la verdad o la imaginación. Por las dudas, se les hacen regalos. Pueden ser cigarros, pozol, miel, comida, flores…

Hay aluxes que son seres de luz, que cuidan de los niños, las casas y los campos. Otros, más atrevidos, hacen bromas y dan miedo.

Los elegidos pueden verlos. Los aluxes aún cuidan de las tierras mayas… Así como sigue la leyenda, parece que los aluxes no mueren… siguen vivos porque los que creen en ellos así lo deciden. Tal vez, si viven, tengan tantos años como los mayas de aquella época, si hubieran estado vivos.

Los mayas han tenido la capacidad de imaginar el futuro a muy largo plazo. De hecho, describieron en una estela el descubrimiento que dio relevancia mundial a este sitio arqueológico: la Estela 6, también llamada *Estela de Tortuguero*, correspondiente al año 300 a. C. Allí se identifica la fecha calendárica de 13.0.0.0.0 *–4 ahau 3 kankin–*, equivalente al 21 de diciembre del 2012, como el fin de una era del calendario maya y que muchos interpretaron como la predicción maya del fin del mundo. Esta estela, en la que el mundo ha puesto sus ojos y sobre la que se han hecho múltiples interpretaciones, describe el descenso de *Bolom Yokté*, "Señor de la Luz", y está escrita la fecha del 2012, que es cuando terminará el ciclo actual según la *cuenta larga maya* y finalizará el 13° *Baktun*, período de 394 años en que se divide su calendario.

Esta estela fue encontrada en el sitio de Tortuguero, en el Estado de Veracruz, México, y aún hay varios montículos sin explorar que permiten suponer que incluyan más información respecto de esta idea[1].

Basándose en la astronomía, o en lo que ellos hayan creído, lograron imaginar, 2.300 años por delante de donde estaban, un mundo y un futuro. No hablemos de aciertos o desaciertos. Hablemos de capacidad de imaginar... ¿Existe hoy gente que piense en cómo será el mundo dentro de 2.300 años? ¿Qué nos pasó respecto de la relación con el tiempo? ¿Qué cambió en nosotros?

Apelar al pasado para explicar la relación con el futuro

Imaginemos al hombre primitivo y a su mundo. Se describe a ese ser viviendo en pequeños grupos y vagando, nómada, por las praderas en busca de alimento. Un ser en armonía con la naturaleza, que hace lo necesario para sobrevivir, alimentarse, reproducirse, defenderse de los ataques, atacar; llegado el momento, encontrar un lugar y, en posición fetal, entregarse a la muerte. Hasta aquí, ese ser era parte de una manada de pocos

---

1 Fuente: Wikipedia.

individuos y podemos relacionar su conducta con el comportamiento de otros mamíferos que viven de manera semejante. Podemos observar también en esos grupos la relación con lo que ocurre: el ser uno con el mundo que los rodea, el ser "parte de". El hombre primitivo aprendió a defenderse de algunos peligros y lo hacía en grupo: atacaban y se defendían todos de la misma manera. Muchas de esas conductas primitivas y defensivas aún podemos encontrarlas en nuestro proceder.

Por cierto, también sintieron miedo alguna vez. El miedo podría haber sido lo que en apariencia es para los animales: una emoción que aparece frente a lo incontrolable o desconocido y se manifiesta en tres respuestas diferentes: el ataque, la huida, la entrega. Una vez desaparecida la situación, todo vuelve a la calma anterior.

Animales y seres humanos compartimos una base del lenguaje, como una serie de sonidos y gestos que permiten la comunicación. Sin embargo, la aparición de la complejidad de los sonidos, la palabra y los idiomas, es privativa de los seres humanos. Gran parte del progreso de la humanidad se origina en el momento en el cual los humanos inventaron el lenguaje, aparentemente durante el Paleolítico medio, que les permitió a lo largo del tiempo describir y compartir, gracias a los códigos comunes, el mundo que observaban, crear sociedades complejas, multiplicar la capacidad de expresión y desarrollar el conocimiento en sus múltiples facetas.

Se asocia la aparición del lenguaje con la era de Neandertal, pero fue con la aparición del *Homo sapiens* cuando se produjo una evolución lingüística significativa.

Se supone que el lenguaje fue producto de la necesidad del hombre primitivo de satisfacer la posibilidad de comunicarse, dado que vivía en manadas integradas por pocos individuos. Por lo tanto, era importante para subsistir y coordinar acciones con otros.

Si fuera así, no tiene una antigüedad mayor a 30.000 o 40.000 años. Hoy existe una enorme diversidad de lenguas, más aquellas que se han perdido. Dada la oralidad en el lenguaje de esos comienzos, no hay manera de saber si hubo solo una primera lengua o más de una. La lingüística histórica propone algunas hipótesis para esta evolución.

Aunque muchas de las lenguas que hoy siguen vivas tienen raíces en otros idiomas más antiguos, eso no presupone que el lenguaje haya surgido de una única fuente, sino que podría haberse originado en varios lugares y varios antecesores. Algunos autores describen este desarrollo como un proceso de evolución del ADN y otros investigadores lo atribuyen al aumento progresivo de la masa cerebral. Algunos animales, como los delfines, los chimpancés y las ballenas, han desarrollado la masa encefálica pero no un lenguaje idiomático y complejo como el de los humanos.

Se calculan aún vivas en el mundo unas seis mil quinientas lenguas. De esas, alrededor de veinticinco son consideradas importantes por lo difundido de su uso.

¿Cómo pudieron haberse originado tantas lenguas? En 1871, en *El origen del hombre*, Charles Darwin (2006) escribió: "Creemos que la facultad del lenguaje articulado no sería objeción a la hipótesis de que el hombre desciende de una forma inferior". En ese caso, el lenguaje sería la evolución de los gritos, aullidos y gruñidos de los monos, que tienen una laringe bastante más limitada que la nuestra. Tal vez los sonidos fueron evolucionando, a medida que iban cobrando un sentido social, y hasta puede ser que los hayan coordinado para acompañar ritmos en el trabajo. Esto permite suponer que de la simpleza de los sonidos surgió el lenguaje complejo. Los investigadores ofrecen como prueba los balbuceos de los bebés, o el lenguaje en personas con retraso mental y su forma de aprenderlo, lo que autoriza a establecer una relación entre aprendizaje y desarrollo humano (Marie de Maistre, 1973, 1979).

Fascinado por el tema darwiniano, Friedrich Engels (1977), amigo y apoyo incondicional de Karl Marx, buscó sus propias explicaciones y aseveró que el hombre era tal porque lo constituía el trabajo. De hecho, habla de la evolución y del desarrollo del pulgar, y del uso de la mano como una necesidad laboral.

El pulgar oponible (la mano prensil), un importante antecedente de la evolución, permitió una manipulación del medio en el que vivían estos primeros grupos humanos. Lo usaron para trabajar primero con las piedras, luego con los metales.

Engels plantea de modo romántico que, tal vez a fines de lo que se conoce como el Terciario y en una zona tropical cercana al océano Índico, hoy desaparecida en las profundidades del mar, pudo haber vivido una raza de monos antropomorfos muy desarrollada. Los describe cubiertos de pelo, con barba, orejas puntiagudas, vivían en los árboles y formaban manadas.

Entre otros datos interesantes, señala que cuando aparecen determinadas modificaciones en ciertas formas del organismo, estas provocan cambios en la forma de otras partes, sin poder explicar en ese momento la conexión. A título de ejemplo, plantea que los animales que presentan los glóbulos rojos sin núcleo y el hueso occipital articulado con la primera vértebra por medio de cóndilos tienen glándulas mamarias para la alimentación de sus crías, como sucede entre los humanos. Que la pezuña hendida de algunos mamíferos está relacionada con la presencia de un estómago multilocular adaptado a la rumia. Entre los seres humanos, el perfeccionamiento gradual de la mano y la adaptación de los pies para la marcha en posición erecta repercutieron sobre otras partes del organismo.

El desarrollo del trabajo se relaciona para Engels con la multiplicación de casos de ayuda mutua y de actividad conjunta, que contribuyó forzosamente a agrupar más miembros de la sociedad. Estos seres se enfrentaron a la necesidad de decirse algo los unos a los otros. Esta –señala Engels– creó el órgano de la laringe, que estaba poco desarrollada en el mono y que se fue transformando lenta y firmemente mediante modulaciones cada vez más perfectas.

Sin embargo, esta no es la única versión sobre el origen del lenguaje en el hombre. Hay otra en el Génesis 11 del Antiguo Testamento, donde se menciona la Torre de Babel. Según esta versión, el lenguaje le fue dado por Dios a Adán, quien pudo así expresarse de manera completa y compleja desde el primer momento. Por ello tuvo la capacidad de coordinar y comunicarse con Eva, recibir y comprender órdenes divinas y hasta poner nombre a todo lo que existía en el Paraíso y le había sido dado. Esta lengua era compartida y fue heredada por todos los seres humanos mientras vivieron en paz.

Cien años después del Diluvio universal, los hombres desobedecieron el mandato de Dios y decidieron crear una torre donde pudieran vivir todos juntos, y cuya altura fuera tal que llegara al cielo. La respuesta divina fue un milagro por el cual cada uno comenzó a expresarse en un idioma diferente, perdiendo la posibilidad de comunicarse y de coordinarse para la construcción de la torre, y los hombres terminaron por dispersarse por todo el mundo, dando origen a diferentes pueblos nucleados por sus lenguas comunes.

José M. Briceño Guerrero (1970), filósofo venezolano, escribió un ensayo titulado *El origen del lenguaje*. Analizó las distintas posibilidades, desde diferentes puntos de vista incluyendo las perspectivas evolucionistas, filosóficas y hasta mitológicas, y llegó a una única conclusión: el origen del hombre está en el origen de la palabra.

Sin ella, no habría existido la posibilidad de hacer preguntas y elaborar respuestas, de generar conocimiento, razonamiento, conciencia, descripción del mundo y de nosotros mismos. El lenguaje es donde habita lo humano: allí somos, vivimos, nos relacionamos... Gracias al lenguaje apareció la creación de lo abstracto, de la ilusión, descripta en sus trabajos por Lewis Wolpert (2007), y pudimos hablar de método científico, filosofía, matemáticas, ingeniería, medicina, y desarrollar la capacidad de aprender, dejar por escrito lo que sabemos y progresar como grupo, como humanos, basándonos en lo que "ya sabemos" para seguir adelante.

Guy Deutscher (2006) también ha escrito sobre los orígenes del lenguaje y destaca que este sea la gran creación humana, base de cualquier otro invento, a pesar de que los humanos nunca se lo hayan propuesto... Si al comienzo fueron algunos ruidos rudimentarios generados por nuestra garganta, ¿cómo hicimos para terminar con gramáticas tan sofisticadas, con significados diferentes según quien las hable? Deutscher (2011) muestra la evolución desde el reconocimiento de sí mismo en algo parecido a "Yo, Tarzán" hasta la complejidad de construcción de una sola palabra en turco como *"sehirlilestiremediklerimizdensiniz"* ("tú eres uno de esos que no podría ser convertido en un habitante de la ciudad"). Por el contrario, con respecto a la escritura, el autor menciona la hipótesis de que fueron los sumerios, 5.000 años a.C., a orillas del Éufrates, quienes la inventaron. Ellos tienen una palabra, *"munintuma'a"* ("cuando él lo ha adaptado para ella"), que muestra cómo, si bien podemos observar su extensión, también se puede transmitir toda una idea en pocos sonidos.

El lenguaje se genera por la combinación de entre 25 y 30 sonidos diferentes. Las configuraciones de la boca (p, f, b, v, t, d, k, g, sh, a, e, etc.), junto con otros sonidos que parecen escupidas, sonidos sueltos sin significado, sin habilidad de expresión, sin poder para explicar son las herramientas de esta máquina maravillosa del lenguaje que, ordenadas de manera especial y combinadas con el aire, nos permiten habitar el mundo donde vivimos.

Existen hipótesis de una evolución del lenguaje basada en los gestos, con los que, eventualmente, se entremezclaron sonidos vocales.

Otra hipótesis es que la primera palabra consistió en señalar con el dedo índice a otro (Renán [1859], Revesz [1946], Malmberg [2003]). Lo que hoy diríamos "tú". "Tú" no solo quiere decir eso, también quiere decir "tú no eres yo", por lo que desde su origen la palabra "tú" implicó la palabra "yo". Y con ello, todo un mundo nuevo que comenzamos a habitar: apareció lo mío, lo tuyo, yo no soy tú, tú no eres yo. Aparecieron las distinciones "lo mío" y "lo tuyo", y también "lo nuestro" y "lo vuestro", que trajeron la ilusión de la propiedad. Estas distinciones desencadenaron otras como la de posesión y una forma de relación en la que podían medirse el poder y/o la autoridad. De la complejidad del pensamiento, surgió una interpretación, por la que el hombre se erige como una individualidad y, además, como el rey de la creación. Si el hombre es el rey de la creación, todo está a su servicio… Vemos que, en el fondo, el "tú" y el "yo" nos separaron. Nos aislaron de manera definitiva. Tanto que, aun usando las mismas palabras, cada uno puede escuchar de ellas lo que interpreta y no lo que el otro dice.

Este paradigma creado por la diferencia entre "tú" y "yo" ha generado un mundo de interpretaciones que nos hunden cada vez más en nuestra soledad. Cuando habla, usa los símbolos de las palabras, cada uno entiende lo que puede entender, de acuerdo con lo que su propia simbología le permite. Es algo así como si desde nuestro propio mundo y lo que él signifique, quisiéramos conectarnos con el mundo del otro, que también es sellado, inaccesible. Solo podemos mirar al otro desde nuestro propio espejo. Aun cuando decimos que lo conocemos, por cierto conocemos nuestros juicios y opiniones sobre el otro, pero no lo "conocemos". Pasa lo mismo con lo que reconocemos "ahí afuera" de nosotros: no tenemos un acceso directo a ese mundo: solo lo conocemos desde nuestro lenguaje, nuestras opiniones y nuestros juicios. El lenguaje, el mundo de los símbolos, nos llevó a vivir en ese mundo, sin acceso a lo que hay "allá".

Alguien que se separa y está solo se mide con los que ahora están "afuera". Allí han aparecido cosas que no son parte de ese ser reconocido como "yo" y, en consecuencia, no controlables. Todo aquello que no es controlable nos da miedo. Desde la lluvia y el trueno, por ejemplo, para aquellos que estaban en los inicios de la evolución, hasta la sequía y los animales. Por cierto, era un mundo hostil y en el cual era difícil sobrevivir.

Buscando con toda probabilidad una forma de control, ese ser empezó a adorar y elevar esos elementos a la categoría de dioses. Estableció ritos para agradar y, luego, dijo amar a esos dioses que antes habían sido parte de su todo…

El lenguaje permitió la ilusión: la posibilidad para el hombre de relacionarse en su imaginación con algo que no pasa, pero que le gustaría que pasara. El biólogo británico Lewis Wolpert (2007) aduce que la religión se desarrolló cuando los homínidos comprendieron el fenómeno de causa y efecto. Esta forma de relación los llevó a desarrollar herramientas que, en su progreso, se hicieron cada vez más complejas. Cuando fueron capaces de hacer conexiones de tipo causal, aplicaron ese aprendizaje para explicar los misterios de la vida. Así fue como pudimos pensar el mundo en términos abstractos, diseñar y usar herramientas, mantener creencias y practicar la ciencia: buscar una explicación para todo. Por ello, cada cultura se basa en un conjunto de creencias acerca de la causa de las cosas y, entre ellas, invocan dioses que actúan como fuerzas motrices de eventos.

Entonces, ¿qué emociones había detrás de la adoración de esos primeros dioses? Según sus ritos, amor y adoración. Detrás de ellos, miedo. El amor y la adoración fueron mecanismos inventados para controlar lo que ya estaba separado de ellos.

Aparecieron el "yo" y el "tú", y el ser humano se aisló. Ese aislamiento generó en él el miedo a todo aquello diferente a sí mismo y que no podía controlar. Luego surgió la necesidad de controlar lo que estaba afuera y aparecía como peligroso. El miedo se ocultó detrás del amor y de la adoración… Primero adoró aquello que buscaba controlar: adoró a la lluvia y al trueno, luego al Sol y a la Luna, a las piedras, después a los árboles y las plantas (¿de dónde vendría, si no, la expresión "bebidas espirituosas"?), también a algunos animales. Mientras aumentaba el número de cosas o seres a los cuales adorar, más pequeño y solo se sentía, más lejos del poder de pertenecer. Y si seguimos el camino de los siglos, hizo complejas jerarquías y adoró a otras personas, y a lo que haya podido imaginar que tenía más poder que él mismo…

Detrás de ese fenómeno está el miedo. El miedo a no poder, a no ser suficiente, a ser vencido. El miedo y los que inspiran miedo logran subordinar a los demás. Estos no se atreven porque tienen miedo y muchos de ellos terminan amando a quien temen. Así se educa aún en muchos hogares: el miedo genera la obediencia pero de igual modo decimos que "amamos" a quien tememos. Amor y temor. Hoy vivimos en un mundo basado en el miedo: miedo a no tener dinero, a tenerlo y no saber manejarlo; miedo a que nos vaya mal, a que nos vaya bien; miedo a vivir, y a morir…

miedo y aislamiento, entonces más empequeñecimiento; y, nuevamente, más miedo.

El miedo incluye una atracción hacia eso que se teme. No se puede tener miedo a viajar en avión sin pensar en ello. El miedo es la palabra que usamos para describir una emoción que se produce por una descarga de adrenalina. El control se asocia al miedo como un fenómeno de manipulación donde se juega a ver quién gana, quién pudo más o cómo se sedujo a lo temido.

Este miedo de base y la ilusión como estímulo llevaron al hombre a emprender un camino que se manifiesta como dualidad durante su evolución: pasa de ser material a ser espiritual, de querer separar el cuerpo del espíritu, a considerar "el alma" como una cosa, a generar la posibilidad de trascender.

Si el hombre primitivo temía las manifestaciones de poder y autoridad, ¿qué es lo que más ilusiona a nuestro hombre social hoy, si no es el poder?

Todo lo inexplicable pasó a ser la manifestación de "actos divinos"... y aunque hoy podamos explicar estos desde la interpretación científica, hemos quedado en varias conversaciones al mismo tiempo: la de la observación, incluida la explicación del porqué hecha por la ciencia, la de la magia (ilusión) de un Dios con semejanza humana, para una explicación que permitiera esa construcción espiritual y de trascendencia que nos dé sentido. Aparece entonces una conexión emocional además de la racionalización, el cuento, las creencias. La religión que hemos inventado se basa en nuestros sentidos, en nuestras emociones y, si bien hablamos de amor como la base de las religiones, en el fondo está el temor. Un temor a lo más grande y poderoso, a sus castigos, a su revancha. Un temor que va más allá de la vida que tenemos para vivir, y hasta nos hace suponer que esta es solo la preparación para la otra. Todo esto nos lleva a una relación con el futuro reactiva o de esperanza, cortoplacista, aislada y pequeña.

En una cueva de Sudáfrica se encontró una pequeña piedra de jaspe de tres millones de años de antigüedad, tallada con rasgos de un rostro humano: ojos, una protuberancia como nariz, boca. No hay otros rastros de jaspe en la cueva. Sí existe a varios kilómetros de ese lugar. Eso indicaría que no solo alguien lo talló a semejanza de otro, o de sí mismo, sino que, además, lo portaba y lo llevó hasta ese lugar. Eso, según Barbara King (2007), es una demostración de una vida simbólica y de que esta permite otorgar determinado valor a un objeto. ¿Podrá ser eso la base de una conducta religiosa? La autora habla de "consagrado", como religión encarnada y que habita en lo emocional.

Es posible que el primer culto del hombre haya sido a las piedras. En muchas culturas, aún hoy, se las sigue adorando: en Australia, por ejemplo, los aborígenes adoran una piedra llamada Uluru (Ayers Rock), compuesta por arenisca. Si bien esta piedra solo se encuentra a 350 m de altura (y aproximadamente 860 m sobre el nivel del mar), se hunde a una profundidad de 2,5 km bajo tierra. La conocen como el "ombligo del mundo" y para los Añangu, pueblo que ha-bitado esta región, esta piedra tiene que ver con la creación del mundo. Este monolito cambia de color de acuerdo con la inclinación de los rayos solares y se viste de un fascinante color rojo al atardecer. En la India, tanto en el norte como en el sur, se adoran piedras, así como en el África se les da un poder. Los romanos tiraban una piedra al aire si nombraban a Júpiter, y aún hoy se coloca una piedra sobre las tumbas, la lápida que separa el mundo de los vivos del de los muertos.

La evolución ha sido dada desde la adoración de la piedra misma, hacia poder comprender que la piedra era la representación de algo y en consecuencia, adquiría un significado. Aún hoy esta fascinación, aunque con diferente sentido, se mantiene hacia lo que llamamos piedras preciosas. A algunas se las adora, o se las usa para adornar imágenes religiosas y son motivo de deseo y de posesión. Los brillantes, son amados como símbolo de eternidad, de permanencia. Otro ejemplo de cómo se traslada un significado a un objeto, es la observación del amor que puede manifestar una persona a una estampita con una imagen de contenido religioso. A veces la besa, la acaricia y le pide milagros, sin poder observar que es una representación de un ser que no es esa imagen, y que simplemente es algo impreso en un papel.

Por otro lado, aparece lo social dentro de la religión: la posibilidad de hablar de lo bueno y de lo malo, y de organizarse en torno a ello. Aquí se agrega la oportunidad de colocar el miedo como base de la dominación para el logro de conductas esperadas.

En una conversación con Steve Paulson, Barbara King atribuye este comienzo religioso en la evolución a algunas conductas que observó al trabajar con primates. Distingue cuatro tipos de conducta: dar significado, imaginar, empatizar y seguir reglas. En conjunto –señala–, estos comportamientos pueden mostrar el inicio de la conducta religiosa.

Si lo miramos desde las primeras religiones monoteístas, aparecen las figuras de Adán y Eva. Después del deleite de haber comido manzanas del árbol prohibido (el árbol del conocimiento), sintieron vergüenza de estar desnudos. Para sentir esa emoción, tienen que haber visto sus diferencias y, en consecuencia, haber admitido en algún punto su separación y el no ser iguales.

No deseo que se interprete esto como una discusión sobre la existencia o inexistencia de Dios. No es esa la razón por incluir estas ideas en un libro cuyo objetivo radica en reconocer nuestra relación con el futuro: se trata de comprender que es parte de la evolución humana hacia la espiritualidad, comprendida esta como cada quien quiera hacerlo. Parte de esta evolución se transforma en una lucha entre nuestra biología (incluidas las emociones, en especial el miedo) y la ilusión, producto de tener capacidad simbólica (y que abarca el lenguaje, el poder y la soledad que ha producido el "yo"). En última instancia, ¿qué es el futuro sino una invención desde esta capacidad simbólica? ¿Será que los seres humanos buscamos crear un futuro desde esta ilusión, desde este desarrollo intelectual y espiritual a través del cual queremos darle sentido a nuestra vida?

Parecer ser sin embargo que, mientras parte en esta búsqueda, se encuentra con su "yo" aislante, el miedo y el control lo hacen como peones de un juego relacional fundamental.

¿Habremos equivocado el camino y en vez de crear ese futuro y vivir la espiritualidad en la relación con el todo, nos hemos dedicado a buscarlo desde el miedo y el control? La ilusión del "control" es base de nuestra cultura.

Tanto Galileo como Descartes han profundizado la mirada del mundo desde este lugar.

Lo adquirido ya está. No podemos volver atrás, no podemos dejar de lado la evolución hecha. No podemos volver a ser uno con la naturaleza de la manera en que alguna vez lo fuimos, aunque sigamos perteneciendo al reino animal. El paraíso se ha cerrado para nosotros, o hemos cerrado su puerta. Hemos dejado atrás una situación definida por nuestra tendencia instintiva a caer en una posibilidad indefinida, abierta, incierta. Hacia adelante, lo único seguro es la muerte; es un camino sin retorno. Solo podemos movernos hacia adelante.

Somos seres humanos porque tenemos conciencia de nuestro ser y, en consecuencia, de la historia de nuestro pasado y de las posibilidades de nuestro futuro. Somos conscientes de la soledad en la que hemos entrado, de nuestra indefensión frente a la naturaleza y a los otros. Esta separación ha generado el miedo de base en el que vivimos y la ansiedad de contacto nos marca. El mundo puede ponerse contra mí con mucha facilidad.

Estamos en condiciones de elegir el futuro que queremos para nuestra humanidad. Desde este lugar hagamos juntos el camino para comprender la creación de futuro. Inspirémonos juntos, creemos futuro juntos desde un lugar diferente y démosle al mundo una nueva oportunidad.

SEGUNDA PARTE

LAS TRES RELACIONES FUNDAMENTALES QUE NOS HACEN HUMANOS

CAPÍTULO 3

RELACIÓN CON EL TIEMPO:
UBICANDO EL FUTURO

Si supiera que el mundo se acaba mañana,
yo, hoy todavía, plantaría un árbol.

MARTIN LUTHER KING

Hace ya unos veinte años, estuve cerca de un gran amigo cuando se despedía de la vida. Un soñador. Un hombre que había huido de Europa en la época de la guerra y que las mareas trajeron a la Argentina. Como muchos de su generación, compró a Europa las máquinas industriales viejas que se reciclaban con los beneficios del Plan Marshall. Había hecho un emporio inmenso a través de una fábrica textil. Vivía como un rey, sintiendo además que había sido el hacedor de su destino. Pero la década de 1980 trajo años de grandes cambios… Desde la explosión de Chernobyl, que muestra la habilidad del hombre para crear energía pero no para controlarla, hasta la caída del muro de Berlín, que parecía imposible, la Perestroika y la Glasnost en Rusia, pasando por el Pac-Man, el walkman y la aparición de las computadoras personales. Fueron años de glamour social, fiestas lujosas y desmedidas, y todo parecía posible… pero las innovaciones tecnológicas se asomaban y la crisis estaba allí.

La globalización de las actividades económicas, la expansión de las corrientes internacionales de comercio y de capitales, el inicio de la robótica, el acelerado desarrollo tecnológico y la apertura de los mercados pusieron en jaque a los que dominaban los pequeños mercados internos de un país. Se crearon nuevos equipos y maquinarias que respondían a las modificaciones en las prácticas tecnológicas y productivas, y que influían, además, en la comunicación y en la información. Habían comenzado la transición hacia las "sociedades basadas en el conocimiento" y la inversión en activos intangibles: patentes, licencias, entrenamiento, capacitación, información…

En este mundo, mi amigo, un hombre de casi ochenta años, se sintió incomprendido, atacado, desvalorizado: "¿Cómo puede ser que siendo quien he sido y habiendo hecho lo que hice hasta aquí, hoy nada de lo que sé, sirva? El mundo está loco y a mí me sacarán de mi empresa con las botas puestas".

Así ocurrió. Un tumor maligno de estómago se lo llevó... con las botas puestas. Lo velaron en su oficina, en medio del lujo de su escritorio, con las ventanas mostrando el paisaje impávido que él observaba diariamente y en cuya belleza se refugiaba. La empresa cerró pocos días después de su muerte. Él era la empresa; no había para ella un futuro más grande que la propia vida de su dueño y murió con dignidad junto a ella. Como amantes fieles que llegan juntos hasta el final. Mi amigo se había parado en la arrogancia de lo que ya sabía, mordió el dolor y se frunció en el sufrimiento. "Yo ya sé" parecía gritar todo su ser, y el mundo no se dio cuenta. A veces, los reveses de la vida sirven para aprender y de eso hablaremos más tarde. "Todos están mal, yo estoy bien" también es una declaración y crea futuro. Un futuro más, dentro de todos los futuros posibles, que algunos eligen, como hizo mi amigo.

Mi amigo es solo un caso. Pero no es único. Seguramente todos tenemos un amigo, o un amigo de un amigo, que sufre del mismo mal: su relación con el futuro.

El futuro está condicionado por la cultura en la que vivimos y los resultados obtenidos marcan el futuro que se puede esperar. Este influye en nuestro diseño personal y en el profesional, en el de las empresas, en cuanto organizaciones creadas y dirigidas por personas que, a su vez, son manejadas por sus propios paradigmas, así como en el de los países, de la sociedad, del planeta y de todo aquello para lo que la imaginación nos alcance.

¿Qué limita ese diseño? ¿Qué nos hace ver? ¿Qué historias hemos creído y en las cuales vivimos atrapados? ¿Qué requerimos para comenzar a construir un futuro que no sea una continuación del pasado?

Hay tantas definiciones del tiempo como pensadores que han buscado explicarlo. Cada una de ellas permite una relación y una capacidad de acción diferentes.

¿De qué hablamos cuando hablamos de "tiempo"? ¿Qué es el tiempo? ¿Desde cuándo existe? ¿Es posible que el tiempo exista desde que el ser humano lo inventó en el lenguaje? ¿Podrá existir el tiempo sin un ser humano que lo piense? ¿Ha evolucionado o cambiado el concepto del tiempo de acuerdo con diferentes aportes de la ciencia?

La relación con el tiempo ha ocupado a los humanos desde los primeros filósofos. Algunos buscaron la explicación en la física y concibieron el tiempo como algo que ocurre de por sí: le dieron una visión objetivista. Isaac Newton es uno de los más importantes científicos que adoptaron este punto de vista, al partir de la base de que el tiempo es el mismo para dos o más observadores diferentes. Newton podría relacionarse en este aspecto con la filosofía kantiana, aunque Newton precedió en el tiempo a Kant.

Para otros, el tiempo se relaciona con el ser, con su introspección, de alguna manera con su psicología, y lo conciben desde la subjetividad.

Aristóteles [384-322 a.C.] definió el tiempo desde "el antes y el después", el punto de reposo o de partida. También distinguió que el pasado ya no es y que el futuro tampoco es, y que el presente no tiene medida, puesto que no alcanza a durar… Es una manera de comprender el tiempo que fue tomada por muchos autores a través de una línea que exprese el orden en que ocurrieron los hechos. Da la posibilidad de hablar de pasado, presente y futuro. Sin embargo, Aristóteles también habló del tiempo desde lo anímico, como cuando lo relaciona con la memoria para el pasado y las expectativas para el futuro. Este enfoque, luego, fue tomado por los existencialistas: el futuro se mira con esperanza, con ambición, cuando se pueden depositar posibilidades en él. El pasado no tiene modo de recuperarse y la relación se construye desde la nostalgia, el enojo, el reclamo (Heidegger, 2009; Sartre, 2004).

En *Timeo*, Platón (2010) escribió, alrededor del año 360 a. C., que el tiempo es una ilusión. "Es la imagen móvil de la eternidad, y se mueve en círculo. El tiempo nace con el cielo y el movimiento de los astros es lo que permite medirlo." Agregaba que "el regalo dado en el mundo inmutable de las ideas es la eternidad, por lo que el tiempo es su apariencia sensible".

Algunos siglos después, San Agustín [354-430] (1953) incluye a Dios en la explicación. Si Dios creó el mundo, también ha creado el tiempo. Decía saber qué era el tiempo pero no podía explicarlo; agregaba que, tal vez, el espíritu mismo del ser humano fuera el tiempo. Ya en el siglo XX, Heidegger en 1927 (1999) adoptó esta explicación y luego se basó en ella para elaborar su teoría.

En esta manera agustiniana de relacionarse con el tiempo aparecen seres humanos dependientes de una fuerza superior, incapaces de explicarla y determinados por la esperanza.

Para otros, y con la lógica de la física, no se puede ubicar algo en el tiempo sin colocarlo también en un espacio. No pueden suceder las cosas sin un espacio donde ocurran. El tiempo permite que los sucesos ocupen diferentes momentos y que exista el devenir de la vida. Esta relación entre lo que sucede primero y lo que pasa después parece definir la naturaleza del tiempo.

Lo describimos como algo que pasa. Lo relacionamos con la velocidad con que nuestros hijos han crecido, lo corto que se ha hecho un viaje, lo largo de un exilio… ¿Qué marca la velocidad con la que el tiempo pasa? Hablar de velocidad requiere considerar la relación con el tiempo. Los científicos miden la velocidad de rotación de la Tierra y su desplazamiento con la misma variable. Entonces, y hasta este punto, la relación con el tiempo tiene que ver con "algo" que ocurre, está y transcurre. También con el ser humano y su capacidad para relacionarse con él, al reconocer el punto de comienzo –el pasado–como algo que se recuerda, y el futuro como algo que se sueña o se espera.

Sin ser un erudito, no se podría hablar del tiempo sin citar e incluir en esta conversación a Kant, Heidegger, Nietzsche y algunos otros que han dedicado parte de su vida a su comprensión.

Entre los filósofos que han buscado explicar la relación con el tiempo, no podemos obviar a Heidegger (1889-1976).

Hijo de una familia católica, intentó continuar la elección familiar y quiso estudiar para ser sacerdote. Sin embargo, en 1911 abandonó esa idea y eligió ir a trabajar con Husserl, fundador de la fenomenología. Heidegger (2009) reconoce que ser y tiempo se determinan juntos. No puede existir en forma separada ninguno de los dos. Describe una interrelación ineludible para la existencia de uno y del otro.

Según Descartes, el ser definía un sujeto descripto desde el sí mismo, en relación con un mundo ajeno a él. Heidegger define al ser del hombre por la relación con el mundo. Esta relación es propia de la existencia y rompe el concepto de un ser fijo que nace con determinadas cualidades y características inmutables: introduce el concepto del *Dasein*, "estar siendo" o "ser-en-el-mundo". El "estar siendo" nos da la maravillosa posibilidad de cambiar, de aprender, de poder mutar nuestra manera de observar el mundo. Esta manera de ser no implica una relación con lo que está afuera, por lo que no se desarrolla desde el trueque, el uso o el conocimiento. Da un valor a la humanidad del ser y a la capacidad de elegir.

El "estar siendo" solo puede existir si se lo mira en el tiempo. Las mismas palabras expresan que algo está pasando en él. El "ser" mantiene a los entes en su entidad y el "ser-ahí" trae el lugar al juego: el mundo. Para estar ahí, hay que estar presente. A partir de estar presente en el ahora, se puede hablar de lo anterior al ahora (el pasado) y de lo posterior al ahora (el futuro). Ninguna de estas posibilidades (pasado y futuro) es habitable. Por lo tanto, el ser está determinado por el tiempo.

Cuando alguien muere, reconocemos que "su tiempo se acabó"; sin embargo, cuando usamos el verbo "permanecer" estamos aceptando que aún queda tiempo.

Nietzsche (1986), en cambio, desde su nihilismo cruel acepta que lo que es pasado es irrecuperable. Algunos creen en la "resurrección de la carne" o la inmortalidad del alma. Estos declaran que esos seres muertos podrán retornar. Nietzsche se pregunta, entonces, por los seres o las cosas más insignificantes, desde plantas, animales, hasta un objeto que se rompe, y por qué no podrían recuperar también su existencia. Si se interpreta este concepto del tiempo, en vez de pensarlo desde la linealidad, aparece una interpretación cíclica: personas, animales, cosas –preservando sus propiedades–, hechos… volverán, vuelven y se repetirán, y se repiten infinita cantidad de veces.

Existen dos teorías por las que Nietzsche usaría esta explicación del tiempo: una, matemática, basada en que la fuerza que hay en el universo es finita y que el tiempo es infinito. La combinación fuerza finita en tiempo infinito haría también infinita su repetición.

La otra teoría es que sea la expresión de la reivindicación de la vida. Respetando la consideración de Nietzsche de que no hay nada permanente, es posible lograr que el instante dure eternamente, debido a que se repite sin final. Nietzsche, en su negación de Dios y su ataque frontal a las religiones, decía que esa manera lineal de relacionarse con el tiempo se debía a esta repetición sin fin. Que las religiones, en especial las judeocristianas, habían acomodado los hechos en secuencias: primero Dios creó el mundo en siete días, luego nos mandó a su hijo Jesús, luego lo mataron en la cruz… En esa linealidad estamos y en ella nos acomodamos todos. Su rebeldía le permitió elaborar esta teoría en espiral en la que los hechos y todo lo existente tienen la posibilidad de volver, con pequeños cambios y en otros tiempos.

No olvidemos que la antirreligiosidad de Nietzsche marcó su vida. Por lo que la alegoría de una piedra rota que pueda volver a unirse tal vez quiera simbolizar otra interpretación de la vida y de la muerte. Su gran pregunta fue sobre el último hombre en la Tierra. Aquel que no tiene qué esperar, sin objetivos por los que valga la pena luchar. En esta situación épica podría surgir un superhombre, que establezca una nueva vida desde nuevos valores creadores. Eso vino a decir Zaratustra…

En nuestro modelo cultural, si queremos hablar del tiempo, no podemos más que medirlo por sí mismo. Si bien el tiempo parece ser un invento creado y expresado en el lenguaje, nos es muy difícil imaginar un mundo sin tiempo. Sin embargo, hasta donde la física parece saber, quizás haya que imaginarse un mundo sin él.

Ilya Prigogine [1917-2003] (1983) recibió en 1977 el Premio Nobel de Química por la Ley de las Estructuras Disipativas, en la que expandía las nociones de la termodinámica clásica al estudio de los procesos irreversibles. Esta ley permite explicar cómo perduran sistemas alejados de su equilibrio que existen en lo fundamental por su relación con el entorno. En *¿Tan solo una ilusión?* Prigogine considera la posibilidad de un nuevo diálogo entre el ser humano y la naturaleza a través de este estado de la materia: las estructuras disipativas. Este hombre, nacido en Rusia de familia judía, huyó de su país natal en la época de la revolución bolchevique, llegó a Bélgica y, casi veinte años después, se estableció en Estados Unidos.

En un mundo donde se asociaba el orden con el equilibrio y el desorden con su ausencia, Prigogine aportó explicaciones que mostraron que en el equilibrio no hay historia, porque no hay fluctuaciones; en consecuencia, no hay cambios. Por lo que es el no-equilibrio lo que nos permite entender la evolución y tal proceso se produce enraizado en y atravesado por el tiempo.

Estos fenómenos de evolución irreversibles son el origen de la vida. Prigogine tuvo la habilidad de hacerse preguntas que guiaran su paso por la ciencia, lo apasionaran y lo llevaran a nuevos mundos de interpretación. Creía que antes de que existiera el universo, existía el tiempo. Este es producto de un proceso de transición, dada una inestabilidad sucedida en algo que ya estaba allí antes. El tiempo pudo haberse transformado en materia. Y la ruptura de la simetría en el espacio proviene de la ruptura de la simetría en el tiempo, por lo que allí se separan pasado y futuro. Por eso, para él, la materia está atravesada por el tiempo. En este proceso de transformación, la materia adquiere nuevas propiedades sin que por ello el sistema quede aislado.

Su revolución paradigmática fue un punto de inflexión en el pensamiento científico: mostró que el desorden es un orden nuevo; con ello cambiaba la manera de observar la ciencia y los procesos. Cuando explica el origen del universo, por ejemplo, considera que la relación entre el espacio-tiempo y la materia no es simétrica, y tal asimetría generará una crisis. El espacio-tiempo se transforma en materia con una explosión y, en consecuencia, esta es producto de una contaminación del espacio-tiempo.

En esta explicación del tiempo y su relación con la evolución y los procesos transformadores, se muestra el valor de las crisis, sin el peso de los juicios de "negativo" o "positivo"; la evolución es parte de las crisis, atraviesa espacios de desequilibrios para que se organicen nuevos equilibrios diferentes y, además, irreversibles. Por lo que, tal vez, el mundo no tienda hacia la degradación, sino hacia un incremento en su complejidad.

La vida precede a la existencia y es el ámbito de lo no lineal inscripto en el tiempo. Los fenómenos biológicos son irreversibles, por eso envejecemos con el paso del tiempo.

De acuerdo con el paradigma actual, se describe el tiempo en tres momentos diferentes: pasado, presente y futuro. El pasado expresa el tiempo que ya se fue, el que no vuelve, del que pueden quedar algunas pruebas pero, sobre todo, muchas historias, muchos cuentos que, además, se repiten con fruición; relatos que acreditan y dan valor a la coherencia con la que se narra lo sucedido.

El presente es ese momento que pasa, en el que estamos, pero que a gran velocidad quedó en el pasado y existimos, entonces, en un nuevo momento, que ya pasó también. Es el único tiempo en el cual podemos estar y generar acción.

El futuro es el tiempo que no llegó, el que está por llegar. Sin embargo, cuando el momento llegue, será presente. Cada vez que arribamos a algún punto, hemos llegado al presente. Cuando se habla de futuro, se está describiendo una historia, un cuento de un tiempo por venir. Por definición, un "futuro" que nunca llegará.

Entonces vivimos el presente, tenemos recuerdos del pasado y esperamos que el futuro ocurra. Sobre lo que ya ocurrió, no podemos incidir sino cambiando la historia, la explicación, el cuento que contamos.

Si lo dicho suena poco poderoso, revisemos la forma en que nos relacionamos con esta idea. Reinterpretar las historias abre grandes posibilidades, hace maleable el ser en el tiempo; permite aprender y cambiar. También es cierto que no hay acción posible en el tiempo pasado, solo la que hubo. Los "hubiera" y "tendría que…" forman parte de la historia. Es el hermoso lugar de hechos conocidos y de recuerdos. La información que da el pasado se puede usar para justificar el presente. Se explica el presente sobre la base del pasado y, en consecuencia, este presente es el pasado del futuro.

Del pasado se sabe qué ocurrió pero no se puede corregir ni intervenir. Del futuro no se sabe lo que podría pasar; sin embargo, las decisiones de hoy pueden acercarnos a la realidad que se quiera crear o a una bastante semejante a la de hoy. El futuro depende de modo fundamental de las acciones y decisiones de hoy.

Cuando se hacen planes de futuro, cuando se piensa en ese futuro, se hace en general desde la "esperanza". En esta emocionalidad, sin darse cuenta, se está poniendo la realización de ese sueño, es decir, en manos de algo más que no es el propio poder. La palabra "esperanza" tiene raíz en el "esperar". Allí se juega el juego de dejar en manos de la probabilidad, la posibilidad o lo estocástico, la ocurrencia de un hecho. Creer que se entra en un futuro que espera, no un futuro que se ha creado con conciencia o sin ella. Algo, o alguien, creó ese lugar… Y se habitará como propio haciéndose poco cargo de la relación con esa invención.

La misma cultura trae la velocidad de los cambios y hace que, cada vez más, la mayor parte de la humanidad acorte su proyección en el futuro.

Recordando a Austin (1962), declarar el futuro es una oración performativa (*performative*, que trae implícita la acción). Este no puede ser tomado simplemente como una descripción.

El futuro se declara sin explicaciones, solo por abrir la boca y decir las palabras. Es producto de nuestra libertad de elegir. No es necesario explicar por qué se le dice "sí" a un juez en una boda. Ese solo "sí" cambia toda una historia. De la misma manera, el futuro se declara y se construye porque quien lo declara ya vive esa realidad como si estuviera ocurriendo. Es hacer uso de la libertad y, tal vez por el miedo, hemos perdido la apertura para mirar más lejos y comprometernos con él. Dudamos de tener el poder para hacer ese futuro. Declarar el futuro es comprometernos. Es natural: es el único futuro posible. Y muchas veces, por el solo hecho de comprometernos, comienza a suceder.

El futuro, además, vive en el lenguaje y, si queremos crear uno, también es necesario que inventemos palabras nuevas.

Imaginemos a nuestros bisabuelos o tatarabuelos usando palabras como Internet, auto, avión, *gigabites, scanner, hashtag*, nanotecnología. Este nuevo vocabulario ha permitido distinguir cosas nuevas que antes no podíamos expresar ni observar y menos aún construir. Diseñar un nuevo futuro nos llevará a crear un nuevo lenguaje, una nueva manera de llamar a aquellas cosas que imaginamos y el trabajo de ponerles nombre es parte del proceso.

¿Es fácil ese camino? Definamos qué es "fácil". El *Diccionario de la Real Academia Española* dice: "Que se puede hacer sin gran esfuerzo", "Que puede suceder con mucha facilidad". En general, lograr algo que no sea la continuación de lo que ya existe no es fácil; requiere de un esfuerzo. Entonces, es posible que construir ese futuro declarado sea "difícil". El mismo diccionario dice que esa palabra significa: "Que no se logra, ejecuta o entiende sin mucho trabajo". Lo difícil, pues, significa que requiere de tiempo, esfuerzo y práctica. Eso es parte del camino.

Lo "difícil" también puede estar asociado a lo que falta aprender. Cuando se comienza algo que no se sabe, es difícil… Se necesita tiempo, dedicación, compromiso con el aprendizaje.

¿Qué les ha pasado a los adultos con el aprendizaje? ¿Qué les hace pensar que ya tendrían que saber? ¿Será también un mandato de la cultura en la que vivimos que dice que los niños deben aprender y que los adultos ya saben? Si fuera así, habría que dedicarse a aprender durante unos treinta años de la vida (siendo muy generosos y en cada vez menos dominios) y luego quedarían otros sesenta años tratando de sacar todo el provecho de lo que se aprendió antes, muchas veces cuando lo aprendido ya no sirve o ha sido declarado caduco.

Allí se separan los sueños de la visión. Sin darnos cuenta, como anestesiados, caemos en separar el sueño, como algo que hubiera sido precioso y que la vida no permitirá alcanzar. La culpa, la responsabilidad la tienen la vida, la historia, lo que pasa, pero no el sujeto.

Thomas Kuhn (1996), en su libro *La estructura de las revoluciones científicas*, puso otra vez sobre la mesa el tema de los paradigmas. Con mucho tesón y muchas historias, muestra cómo los científicos de todas las épocas confunden su hallazgo con la explicación que le dan. Tal puede ser la confusión que la historia contada sobre el hallazgo llega a ser más importante que el hallazgo mismo y se termina usándola para justificar la explicación.

Conozco algunas de esas historias: un investigador importante en su época, que se desempeñó como médico durante la Primera Guerra Mundial, se dedicaba a seguir el proceso de una bacteria llamada *Staphylococcus aureus*, habitante de muchas heridas, en especial las de armas de guerra. Investigaba en el Saint Mary's Hospital de Londres y se manejaba con partidas de dinero otorgadas por alguna entidad luego de presentar la línea de investigación y lo que se esperaba comprobar.

Los investigadores, sin duda, tienen un tesón muy especial en su manera de observar durante su trabajo. Valga aquí un recuerdo personal: en mis épocas de investigadora, aprendí de algunos grandes, entre ellos el profesor doctor Rómulo Luis Cabrini, prestigioso científico reconocido a nivel internacional, entre otras instituciones, por la Organización Mundial de la Salud, y miembro de la Academia Argentina de Medicina. Fue autor de más de setecientos trabajos de investigación. Lo recuerdo repetirme que un "investigador va a lo desconocido. Hacer y ver lo que otro ya vio no es investigar. Puede ser una tarea loable, pero no es lo mismo".

Tengo presentes mis enormes esfuerzos por "no ver lo mismo" cuando ponía mis ojos en el microscopio. Y también recuerdo cuán pocas veces pude ver algo distinto.

Por ello comprendo a Alexander Fleming, el investigador que es el sujeto de esta historia. Lo imagino en su laboratorio de microbiología cultivando sus *Staphylococcus aureus*. Esta bacteria es muy común en las heridas y muchas veces está asociada a la producción de pus. Allí aparece un olor bastante característico, dado por los caldos de cultivo (a veces no más que caldo de pollo con algo de gelatina), las estufas para dar la temperatura de 37°C adecuada al crecimiento, y todos los elementos cuidados con harto empeño, esterilizados y manipulados con meticulosidad para que no se contaminen.

En apariencia, el investigador estaba haciendo con mucho ahínco estas pruebas y puso sus cultivos en la estufa. Imagino su sorpresa cuando al sacar los cultivos, en vez de las bacterias, observó un mar embravecido de hongos que había cubierto la superficie del caldo de cultivo, devoraban la sustancia con pasión y dejaban una superficie de color verdoso, llena de olas y abultamientos. De inmediato pensó que el cultivo se había contaminado y pidió a sus asistentes que volvieran a comenzar con mucho cuidado y altos niveles de asepsia. Así fue, y con esperanzas y convicción volvieron a poner las cápsulas en la estufa. Las horas se hacían largas esperando la reproducción de las bacterias. Cuando llegó el momento de sacarlas, el asombro los invadió otra vez: hongos, hongos y más hongos crecían, dominando el paisaje de la cápsula de Petri.

Ya mucho más ansioso, Fleming dio la orden de limpiar el laboratorio completo, tirar las cápsulas usadas, desinfectar, hervir, esterilizar todo aquello que pudiera estar contaminado. Después de horas más largas que las habituales, los resultados fueron los mismos. Los hongos se desparramaban con comodidad sobre las cápsulas que contenían los cultivos. Así se probó, cambió y buscó nuevos grupos de bacterias de la misma cepa, se cambió todo lo que los rodeaba en el laboratorio. El enemigo mudo solo mostraba sus resultados: los hongos eran lo único que crecía.

Cansado, agotado, vencido, Fleming decidió dejar el laboratorio. Esperaba deseoso la noche para poder dormir. Era un sueño diferente. Era el sueño del haberse rendido: "Es así. No hay que luchar más. Esto es así. Estos hongos se han apoderado de este lugar. Matan sistemáticamente a las bacterias y ellos crecen y crecen sin que nada ni nadie los pueda parar…".

Esta idea lo tuvo cautivo mucho tiempo. Hasta que pudo observar y observarse, y cambiar la pregunta: ¿puede haber un hongo que sistemáticamente mate a todas las bacterias? Si son las bacterias las que producen las infecciones en el ser humano, ¿será posible que este hongo mate las bacterias aun dentro del cuerpo humano?

Estas nuevas preguntas le hicieron mirar lo que estaba allí y era obvio. Esos hongos mataban a las bacterias. Al estudiarlos, observó que contenían una sustancia llamada penicilina (el hongo era el *Penicillium notatum*) y siguiendo esa línea de investigación cambió el futuro de la humanidad: ahora había sustancias que podían matar bacterias incluso en el interior del cuerpo. De este hongo se extrajo la base de la penicilina. Corría 1929 cuando publicó su artículo y, finalmente, en 1945 le fue otorgado el Premio Nobel de Medicina por su descubrimiento, junto a Ernst Boris Chain y a Howard Walter Florey. Estos dos últimos decidieron encontrar una manera de comercializar el uso de la penicilina y dejaron Londres para radicarse en Estados Unidos, donde contaban con la infraestructura necesaria para continuar con sus investigaciones. Alexander Fleming nunca patentó su descubrimiento.

¿Qué le pasó a Fleming a lo largo de su proceso de investigación? Miraba y buscaba dentro de lo que él conocía, de lo que sabía. Aunque hubieran hechos nuevos, no podía más que mirarlos con enojo, porque se interponían en lo que él quería. Ese fenómeno que lo dominaba, y que ya encontramos en páginas anteriores, se llama *paradigma*. Que no es otra cosa que la construcción lingüística de todo lo que sabemos… y es lo único que podemos observar. Todo lo que está en el espacio del *no saber* es de difícil acceso. No hallamos respuestas dentro de lo que sabemos y si las encontramos son simplemente explicaciones que usamos para no desviarnos de donde estamos: porque de eso sabemos…

El *Penicillium* siempre estuvo allí y siempre mató bacterias. No comenzó a existir porque lo vio Fleming. Es como la ley de la gravedad: las manzanas siempre cayeron al suelo; no comenzaron a caer cuando Newton formuló la ley. Sin embargo, para estos investigadores, y para todos nosotros, el mundo cambió cuando ellos pudieron observar esto que, si bien estaba allí, nos resultaba invisible porque no teníamos "ojos" para verlo… ni palabras para nombrarlo.

Estos paradigmas nos son propios y pueden ser prestados, compartidos por el mundo, la sociedad, el lugar donde vivimos, influidos por lo que hemos aprendido y también por cómo son las cosas.

Por ello, el futuro está creado por dos fuerzas: la de la lógica, impuesta por un paradigma que maneja y domina, que limita al más de lo mismo y, al mismo tiempo, nos da la ilusión de la seguridad, porque creemos saber cómo es; y la de algunos que, de repente, se atreven a hacerse preguntas como la de Fleming. No son preguntas que comienzan por "¿Por qué me pasa esto a mí, justo ahora?", sino que se basan en "¿Qué no estoy viendo?".

La vida paradigmática nos permite coordinar acciones con otros dentro de un mundo conocido y que suponemos estable. Pero esa caja no es la verdad ni la contiene. Es la prisión y, como sucede con todas las prisiones... llegará el momento en que queramos escapar de la que nos tiene encerrados.

Al estar afuera, nos pasará lo mismo que les sucede a muchos presos: declararemos que la vida dentro de la cárcel era más fácil que fuera de ella, porque esa fue nuestra vida, aprendimos los códigos, pudimos sobrevivir, generamos nuestra red de relaciones y ese fue nuestro mundo.

Diseñar futuro desde la caja supone generar un porvenir parecido al presente. Por lo menos, esa es la esperanza: ¡que no sea peor! Algunos más sofisticados hacen en las empresas un FODA (análisis de fortalezas, oportunidades, debilidades y amenazas) y con ello responden a lo que ocurre. Y están felices. Han planificado. Lo han hecho dentro de lo que el paradigma les deja ver y desde la mejora en vez de la creación de un futuro diferente.

Pero hay otro mundo. Otros mundos que inventar, donde todo sea posible, donde existan todos los futuros imaginables para aquellos que lo quieran hacer.

Recuerdo el libro del doctor Seuss (1997) que me gustaba leer a mis niños sobre todos los lugares que podríamos conocer si estuviéramos dispuestos a dejar el lugar en donde estamos...

Existe la posibilidad de imaginar y crear otros futuros. ¿Y cómo salir de la caja? Aquí resuenan las palabras de mi maestro y amigo Jim Selman, quien con su humor característico suele decir: "¡Ah, sí! Salir de la caja... Se puede, solo que las instrucciones de cómo salir están escritas del lado de afuera". Por ello, para salir... hay que salir. No es en la desesperación, ni en la lucha, sino en la aceptación de saber que se está adentro y rendirse a ello. La salida está en poder mirar las cosas sin buscar defenderse ni defenderlas, en listar las afirmaciones: todo aquello observable que alguien pudiera decir que es verdadero o falso, en soltar los juicios como verdades y en declarar la fragilidad, la poderosa fragilidad. Por lo general, allí ocurre el fenómeno y se puede observar lo que antes no era posible.

No es fácil. Es un proceso que suele ser doloroso. Pero cuando se llega, ni siquiera hay miedo. Hay confianza en que es más importante *SER* que *SABER*. Es posible que nos hayamos equivocado y creímos que saber lo que sabíamos era lo que nos daba la identidad. Que lo que sabemos es lo que somos.

Soltarlo, volver a mirar con ojos de niño, dispuestos a aprender, a caernos, a reconocer el error y volver a ponernos de pie mil y una veces hasta lograrlo…, eso es reconocer nuestra humanidad.

¿Cuándo somos más humanos? ¿Cuándo es la máquina paradigmática la que maneja y ya tiene respuestas para todo, que sabe todo y tiene una opinión sobre todo lo que se diga o se supone que se va a decir? ¿O cuándo se detiene esa máquina, y aparece el: "No sé, pero elegí. Sé lo que quiero y lo que quiero construir"? Esto último es el gran regalo, junto con el tiempo que se nos ha dado para vivir. En general, es un paquete que pocas veces se abre, y se vive reclamando a los dioses, al cielo, al karma… Deseo la vida que me habría gustado elegir. Elegir es el poder. Siempre estuvo allí, disponible como declaración.

CAPÍTULO 4

RELACIÓN CON UNO MISMO Y CON LOS OTROS

Nadie es inútil en el mundo, mientras pueda aliviar un poco el peso de sus semejantes.

CHARLES DICKENS

A Diógenes de Sinope le decían "el cínico" o "el perro". El primer apodo se originó en su escuela filosófica, fundada por su maestro Antístenes, y el segundo porque llevaba una vida desvergonzada, desposeída y atacando constantemente los valores superfluos de la sociedad.

Se dice que un día Alejandro el Grande, al que también llamaban Alejandro Magno y que había sido educado por Aristóteles, enterado de la visita de Diógenes a la ciudad, fue en su búsqueda. Cuando lo tuvo enfrente, le dijo quién era:

—Soy Alejandro el Grande.

—Soy Diógenes "el perro", le contestó el sabio sin ponerse de pie.

Alejandro comenzó a alabarlo y a expresarle su profunda admiración. Mientras lo hacía, Diógenes extendía su mano por el costado del cuerpo de Alejandro, buscando que el sol le rozara la piel.

Alejandro siguió expresando su emoción por el encuentro y le ofreció, desde todo su poder, lo que él quisiera.

—Quiero aprender de ti y puedo darte todo lo que tú quieras. Hasta lo que parezca más difícil, porque mi poder no tiene límites.

A lo que Diógenes le respondió:

—No dudo de tu poder y creo que podrías darme lo que más deseo. Por eso te ruego que te apartes del sol. Es lo que más amo y admiro, y quiero que me bañe y me acaricie en este momento…

Elegimos desde donde observamos, desde donde estamos siendo. Esta manera de elegir se basa en las opiniones más profundas. Siempre miramos desde alguno de nuestros compromisos. ¿Tienen que ver las elecciones con "la cosa" que elegimos? ¿Qué hay inherente a la cosa para decir eso? Tal vez lo único que se pueda encontrar son nuestras opiniones sobre la cosa, el clima, los detalles, sobre la gente, sobre todo... Esas opiniones, que muchas veces se toman como verdades, marcan la relación que tenemos con "la cosa". Sobre este tema, el gran autor Fernando Flores (1997) en el capítulo 5 de su libro *Understanding Computers and Cognition* escrito con Terry Winograd, muestra la manera en que las opiniones o los juicios generan la relación con el mundo y los otros. Rafael Echeverría (2006) que lo ha seguido, le dedica un capítulo completo en su libro *Ontología del lenguaje.*

Estas opiniones sobre el lugar generan una relación con este... Sucede del mismo modo con las personas: nuestros juicios marcan la relación que tenemos con otros.

¿Dónde vive la relación?

Si quisiera intervenir en una relación con alguien o aun conmigo mismo, ¿dónde podría hacerlo?

¿Quién es el otro para mí? ¿Por qué el otro es de una manera para unos y de otra para mí?

En los ejemplos cotidianos se puede observar que una persona es querida por algunos y seguramente criticada o no querida por otros. Aun en ejemplos extremos de divorcio, por ejemplo, una persona es despreciada por el otro y puede ser profundamente amada y valorada por un tercero en distinto lugar.

Tal vez la gente no "es" de una sola manera, sino que simplemente "es".

La respuesta que aporta la ontología del lenguaje es que, desde que tenemos lenguaje, no accedemos al otro, sino a los juicios u opiniones que formamos sobre el otro.

En un mundo donde todo es lenguaje, donde todo es una conversación, ese otro vive en nuestras conversaciones sobre él. Estas no son verdades ni son falacias, son solo conversaciones. La relación con el otro está dada por las conversaciones sobre él en las que vivimos. Y no tendrá otra posibilidad de ser que la que ellas admitan: son las inspiradoras de las acciones y, a partir de ellas, se generarán determinados resultados. Si fuera así, el cambio no está en el otro, sino en uno mismo y en la manera de interpretar al otro.

¿Existe, entonces, la posibilidad de una relación con el otro? ¿O será que esta se encuentra basada en una relación anterior, que es la que tenemos con nuestros propios juicios?

¿Podrá alterarse la relación que tenemos con el otro si somos capaces de dar menos valor o importancia a la relación con los juicios?

La manera de existir en este mundo de lenguaje es a través de la relación con las propias opiniones, declaraciones y con la palabra dada…

Si la relación que tenemos con los propios juicios es la de creerlos y defenderlos, el otro no podrá aparecer de ninguna otra manera que como lo observamos. Y si queremos generar una posibilidad de modificar los juicios para ver si se logra un cambio… ¿a quién se le da esa posibilidad?: ¿al otro? Cuando en las relaciones queremos dar al otro la posibilidad de cambiar, nada en el sujeto ha cambiado y seguimos observando para comprobar si dicho cambio se produjo. Es decir, si el otro cambia, es obra del sujeto, y si no lo hace, volvimos a comprobar que teníamos razón.

Cuando nos damos la posibilidad de pensar que nuestro juicio es eso: nuestra opinión, y nos abrimos a la posibilidad de cambiar la manera de observar, muchas veces el contexto creado genera el cambio en el otro. Entonces volvemos a comprobar que los juicios determinan la relación con los otros y con el mundo. Elegir cambiar los juicios es elegir darnos una oportunidad de observar algo diferente y, en consecuencia, actuar de una manera diferente.

Eso lleva a un resultado que hasta ahora no habíamos logrado. La gran posibilidad es para nosotros, para cada uno de nosotros, porque el origen, que es el juicio, también es personal.

Si los juicios sobre uno mismo fueran considerados verdades, eso haría que la relación con ellos sea más importante que la posibilidad de cambiarlos.

El tema de la relación es el punto clave: implica trabajar con las opiniones, con los puntos de vista. No se trata del punto de vista en sí, sino de la relación que tenemos con él, el poder que le damos, cuán aferrados estamos a él. Cuando los puntos de vista se nos tornan verdades, los defendemos con gran fuerza, corremos el peligro de dejar de tener razón y algunas personas temen esta situación, porque no saben, entonces, quiénes son con respecto a otras personas o, mejor dicho, con respecto a sus ideas sobre esas personas.

Cuando realmente creemos en el otro como posibilidad de relación, estamos creando el terreno fértil para que esta exista. En la ilusión creemos que estamos dándole una oportunidad al otro y, sin embargo, la oportunidad genuina nos es dada como sujetos que generamos la posibilidad. El espacio de posibilidad es irresistible. Algunos pueden ocuparlo de inmediato y otros tardan un poco más, pero son pocos los que no lo hayan usado para crecer y desarrollarse. Algunas plantas crecen desde el mismo momento en que son plantadas. Otras requieren de un tiempo durante el que parecen no dar respuesta o estar muertas. Sin embargo, en algún momento, a veces años después, nos damos cuenta de que usaron el tiempo para echar raíces y crecer muy alto.

Es regla en el liderazgo y en la creación de futuro el crear relaciones con muchos otros. Con todos ellos hay un trabajo para hacer: crear y mantener el espacio de posibilidad y confiar en que son las personas indicadas para trabajar en el logro. Sostener al otro en su máxima expresión, ser fuente de pasión y alegría son actitudes que generan un contexto maravilloso de inspiración y de poder que permite lograr el resultado con mayor facilidad.

Hacerlo desde el control no produce lo mismo. El control trae implícitas la desconfianza y la descalificación. El otro pasa a ser considerado como alguien que quizá pueda si se lo fuerza, se lo manipula y que requiere de supervisión y control. Esto lleva al aislamiento y al juego perverso de necesitar más control. ¿Cómo no sentirnos solos si el mundo está lleno de gente que no es como nosotros, no tiene nuestro tamaño, sumándole a eso que sin la presión constante no lograremos el resultado? ¿Cómo no tener cada vez más miedo si no podemos confiar en los otros? La separación y el aislamiento son cada vez mayores.

Las opiniones que tenemos sobre los demás no hablan de los otros. Hablan de quien piensa de esa manera y la oportunidad que les podemos dar a los otros no es precisamente cambiando nuestros juicios sobre ellos, sino sobre nosotros mismos.

Los juicios están relacionados de manera profunda con el estado de ánimo. Cuando la necesidad de control es tan grande, cuando la desconfianza es la base de la relación, las emociones sobre las que se apoya una persona son el miedo y el enojo. Los estados de ánimo alimentan la separación y, además, son contagiosos. De algún modo los otros lo sienten y la respuesta está asociada al estado de ánimo.

Todo comienza y termina en uno mismo. Cuando le damos la posibilidad al otro, nos la estamos dando a nosotros mismos. Saldremos de la soberbia y entraremos en la humildad y sencillez de estar con pares, de confiar en crear juntos e incluso podremos mejorar la relación con nosotros mismos.

Martin Buber [1878-1965] (2002), filósofo nacido en Austria e israelí por elección, fue un escritor judío de gran influencia existencialista. Trabajó en profundidad en el diálogo y lo llevó a la práctica buscándolo entre palestinos y judíos. Sobre este tema del diálogo publicó su libro más famoso *Yo y tú* (en inglés: *I and Thou*). Buber dice que en toda relación hay dos partes: el yo y el tú, en las que aparecen las relaciones entre el yo y el mundo. Son relaciones de diálogo abiertas en las cuales cada una de las partes busca preservar su individualidad. La mayoría de las conversaciones se producen según este modelo. Sin darnos cuenta, tomamos las decisiones sobre qué podemos compartir y, desde una visión de la energía, preservamos el mundo que conocemos y nos mostramos como un ser individual.

Thou es una palabra del inglés antiguo muy difícil de traducir; solo se la usa para hablar de una relación del hombre con la fuente del mundo, una relación que no tiene barreras. Buber era religioso y se expresaba así con una connotación relativa a la divinidad; sin embargo, cuando establecemos esa relación con el otro, lo hacemos con el otro como posibilidad, incluida su grandeza y el espacio para la transparencia, y nos basamos en la relación misma como modo de percepción. Es un mundo de relación, una relación viva y presente. Este tipo de interpretación o punto de partida en la manera de ser genera, según Buber, un cambio en el otro, quien percibe, como por contagio, una relación en la que puede mostrarse y con más confianza. Puede darse no solo con otro ser humano, sino con cualquier cosa o ser vivo. En el *I and Thou* desaparece el mundo individual y se recrea la unión en un "nosotros" que no proviene de la suma de individuos, sino de un nuevo ser en común.

Aun en este modelo relacional es imposible no hacer juicios. Sin embargo, aparecen juicios que abren posibilidad, y aportan honestidad y transparencia a la relación. Este contexto se nota, se vivencia y ofrece un espacio diferente. Desde este punto de vista humanista, Buber busca recuperar los valores fundamentales de la vida humana, entre los que la inclusión, la solidaridad, la aceptación y la tolerancia permiten recuperar "el destino del hombre que es la comunión con Dios". Este encuentro no se da solo en palabras; ocurre condicionado por la sinceridad y abarca otros dominios de lenguaje no verbal, de maneras de ser. Se marca un sentido distinto.

El autor destaca que el maestro solo puede enseñar valores si lo hace desde este lugar. Que este aprendizaje se da tanto por el conocimiento como por su manera de ser. Las ideas de Buber ayudan a mirar de otro modo la enseñanza de los valores y señalan a la confianza como la base de la relación. Aprendemos del mundo desde la relación con otra persona o cosa.

> Recuerdo el cuento de Eduardo Galeano (1993), "Un mar de fuegos", que narra cómo un hombre de Neguá, en la costa colombiana, llegó al cielo. Desde allí pudo contemplar la vida de los hombres y vio que somos como un mar de pequeños fuegos. Y se dijo que eso era el mundo: un mar de fuegos pequeños, un montón de personas.
>
> Cada uno ilumina y es un fuego diferente. Hay fuegos grandes y otros pequeños, unos que calientan mucho y otros menos. Hay algunos serenos que ni el viento mueve demasiado y otros que son un escándalo de chispas. Hay otros que se contagian y se unen, y algunos que quedan aislados.

Me pregunto, mientras parafraseo a Galeano, qué tipo de fuego soy. ¿Seré un fuego apasionado e inquieto? ¿Seré un fuego tranquilo y tibio? Solo espero no ser un fuego tonto y aburrido. Como sea, quisiera contagiar, unirme a otros, encender una gran fogata, divertirnos juntos, confundirnos, entibiarnos y disfrutarnos.

Conócete a ti mismo

Sé tú el cambio que quieres ver en el mundo.
MOHANDAS KARAMCHAND GANDHI

Los sacerdotes griegos no daban confesión ni consejos a sus alumnos. Ellos comenzaban su educación con los pedagogos y luego visitaban los oráculos. Entre los más famosos figura el Oráculo de Delfos, donde estaban inscriptos, en diferentes lugares, los preceptos morales fundamentales de su cultura.

El oráculo está en el templo de Apolo en Delfos, construido en el siglo IV a.C.; en el centro del templo reinaba la estatua del dios al que se le dedicó el edificio, pintada con color dorado y de tamaño impresionante. La luz de una llama prendida para siempre lo alumbra. Parece ser que era el templo más visitado de toda Grecia.

Estaba adornado con frases conocidas como Máximas Pitias, que se atribuían a los sabios de la época (620-550 a.C.); entre ellas: "Conócete a ti mismo", "Nada en demasía" y "Aprende a aprender".

La primera es objeto de múltiples interpretaciones; según una de ellas podría significar que los seres humanos no interfirieran en el terreno propio de los dioses, porque el exceso sería castigado.

Sócrates [Atenas, 470-399 a. C.], maestro de maestros, utilizaba mucho estas máximas en sus enseñanzas. Había nacido de un padre escultor y una madre comadrona cuyo nombre, Fenareta, significa "que da luz a la virtud". Se dice que era muy feo. Una vez, un adivino sirio, sin saber quién era, le dijo que por en rostro leía su estupidez y que parecía ser libidinoso. Sócrates agradeció diciendo que era verdad y que la educación le había servido para superar estas malas inclinaciones.

Tuvo una relación muy difícil con su esposa Xantipa. Se dice que ella le hacía la vida imposible y que él lo soportaba con estoicismo. Alguna vez un amigo le preguntó cómo toleraba tantos gritos y él contestó, "De la misma forma que tú aguantas los graznidos de tus gansos".

Sócrates hablaba del dominio de sí mismo, del control de las pasiones. Se cuenta que cuando fue condenado a muerte, les dijo a quienes lloraban por él: "¿Por qué lloráis? ¿No sabéis que desde que nací estaba condenado por la naturaleza a la muerte?".

Conócete a ti mismo es la base de la filosofía socrática. Conocerse, según los griegos, también era una manera de conocer

RELACIÓN CON UNO MISMO Y CON LOS OTROS

a los otros, reconocerse en las miserias y las contradicciones, y poder decidir en función de ello. Para Sócrates, este conocimiento era tan básico que parecía ser más importante que el de cualquier ciencia; su frase "Solo sé que no sé nada" era la forma de expresar su escepticismo frente al conocimiento de cualquier cosa que no fuera el sí mismo. Preguntaba como si no supiese, con curiosidad. La gente iba sorprendiéndose de lo que podía darse cuenta, como encontrar sus verdaderos motivos. Él deseaba que el hombre usara sus capacidades para investigar el bien y generar una conducta moral, y decía que la perfección moral era lo que traía la verdadera felicidad en la Tierra. Sus grandes virtudes eran la prudencia, la justicia, la templanza y la fortaleza.

Nietzsche (1986) también reconoce la idea del conocimiento de sí mismo como base fundamental; sin embargo, el objetivo es diferente. Para Sócrates, este cultivo del sí mismo tiene que ver con los valores, lo moral y lo político. Para Nietzsche, el sí mismo surge en el arte, lo estético. Se refiere a una identidad construida por el artista y la obra de arte, rechazando la posibilidad de que sean dos cosas separadas y transformándolas en una sola.

Cualquiera de las dos posturas nos muestra un "conocerse". Conocerse como si los seres humanos fuéramos de una sola manera, creyendo que hemos nacido con una personalidad, o que se ha formado, y que conocernos significa llegar a saber quiénes somos.

Si así fuera, no tendríamos mucho futuro posible. Todo lo que podría ocurrir estaría en relación con eso que somos y que podemos. La gente tendría poco espacio para cambiar. En este modelo aparece el juego en el que las conversaciones correspondientes al sistema paradigmático que nos rodea son la verdad y conocerlas es conocernos. Esta visión del ser

© GRANICA

101

humano es pobre y limitada. Es preferible pensar que somos más grandes que eso, que podemos lograr con nuestra decisión lo que queremos.

Si así es, ¿qué es conocerse? Se presenta aquí la posibilidad de ser testigos de nuestros propios pensamientos. Dedicar un tiempo para conocer qué nos hace pensar como pensamos, qué opiniones manejan nuestra vida y parecen ser las "intocables" de la historia. Estas rejas son la cárcel en la que vivimos encerrados, lo que más nos limita para aprender, soltarnos, buscar nuevas posibilidades. Aprender a conocernos es aprender a reconocer lo que nos ata, lo que defendemos, lo que creemos que nos constituye por no entender que son tan solo opiniones.

La manera de mirar el mundo que está asociada a las emociones también forma parte del conocerse. En el tema del futuro, el miedo es una de las emociones más comunes y más fuertes… En *El miedo a la libertad*, Erich Fromm (2008) muestra que el ser humano no puede aislarse de la influencia social y de la cultura en las que se desenvuelve. Muchas personas arriesgan su vida en la búsqueda de la libertad. Una gran parte de ellas, luego, se someten a quienes han ganado en busca de la protección: una quimera que confunde cuidado, cariño, calidad de decisiones, y que no está en consonancia con la adultez y la capacidad de elegir. Según Fromm, la renuncia a la libertad se explica por medio de dos factores: el ansia de sumisión y el apetito de poder. Podría aplicarse esto a los regímenes totalitarios, pero también se observa en las democracias y en el capitalismo a ultranza.

En la descripción de la conducta del ser humano se enfrentan dos corrientes. Hobbes [1568-1679] (2003), por un lado, quien describe al hombre como naturalmente malo, que lucha por la supervivencia en una "guerra de todos contra todos", y que cuando se harta se adscribe a un pacto social de convivencia. En coincidencia con Hobbes, Freud [1856-1939] (2003) señala en su ensayo *Tótem y tabú* (2012) que los factores filogenéticos y los impulsos son reprimidos y sublimados en forma de cultura. Cuanta más presión haya sobre el individuo, mayor civilización habrá y más neurosis.

Fromm (2008), por otro lado, opina en cambio que la adaptación social individual cumple un rol fundamental en la relación entre las personas. Su función es represiva y también creativa. Si bien el mayor miedo de un ser humano se refiere al aislamiento, el individuo requiere de la aceptación social para poder desarrollar su necesidad de soltarse de los lazos primarios y de generar autonomía e independencia. Lamentablemente, para evitar el aislamiento, esta aceptación incluye con frecuencia la sumisión a la voluntad de otros.

Conocerse implica también aceptarse y amarse. Juan Calvino (1509-1564), uno de los padres de la Reforma Protestante, opinaba que el amor por uno mismo era un pecado y que excluía el amor por los otros. Sin embargo, el segundo de los Diez Mandamientos dice: "Ama a tu prójimo como a ti mismo". ¿Cómo puede entonces suponerse egoísta el amor por uno mismo? Pues, el egoísmo y el amor y la aceptación de sí mismo no son lo mismo. El egoísta pone el mundo a su servicio. El amor por uno mismo permite la valoración primaria a fin de ser una oferta para otros.

Logramos la autoaceptación cuando alcanzamos la paz con nosotros mismos, expresada en los dominios en los que solemos describirnos: físico, psíquico, espiritual. La aceptación no niega la evolución, sino que es la base para desarrollarse desde un estado de felicidad y plenitud. La aceptación significa elección. Elegir nuestro aspecto físico, quiénes somos como observadores hasta aquí y dejar de pelear (con nosotros mismos, los otros o las circunstancias) o negar lo que nos ocurre son los factores que dejan disponible el espacio para crecer disfrutando del proceso. Los cambios personales pueden ser considerados como expresiones de nuestro crecimiento. La vida es solo este espacio y este camino. Vivir esperando que lo mejor suceda mañana resulta en matar el presente, y entrar en un proceso de exigencia y proyección del disfrute hacia un tiempo que no podemos habitar.

Pararnos agradecidos sobre el pasado, aceptar las crisis como el desorden necesario para el crecimiento, confiar en quienes somos y en nuestra relación con el aprendizaje, tener la mirada en el logro, todo esto abrirá el espacio para generar nuevos juicios sobre nosotros, nuevos dominios de observación. Esta paz también influye en nuestra vida de relación. Cuando estamos allí, podemos crear relaciones desde un lugar diferente: desde la relación misma, evitando el foco puesto en el "yo" generalmente usado cuando se requiere defenderse o marcar la separación con el otro, o lo otro, de alguna manera.

La relación con uno mismo se modifica con la edad. A ese cambio en la manera de observar algunos lo llaman madurar. El envejecimiento está relacionado con la edad cronológica y es inevitable. Podemos elegir, sin embargo, quiénes queremos ser en un determinado momento respecto de lo emocional, espiritual, intelectual. En diferentes etapas de la vida se observan distintas crisis que modifican la identidad, porque cambian al observador que uno es. Es más que acumular experiencias, es una relación con el aprendizaje, con el hecho de soltar, admirar lo nuevo, con una nueva visión del mundo.

Elisabeth Kübler-Ross [1926-2004] (2007) describe cuatro etapas en la vida de los seres humanos. Llama a la primera la etapa del ratón, por la curiosidad, la velocidad para desplazarse y el placer en el juego. Luego viene la etapa del oso, en la que se disfruta de la comodidad y hasta se ríe de sus correrías. La tercera etapa es la del búfalo, que caracteriza a la edad adulta, durante la cual se goza de la tranquilidad, en busca de alivianar las cargas. La cuarta es la etapa del águila, en la que se disfruta el vuelo y se invita a los otros desde la experiencia a mirar más alto. A lo largo de su vida, en las diferentes etapas, las personas van modificando su punto de vista y su escala de valores, desempeñando en cada una de ellas un rol distinto.

Si además de mirar el cambio desde lo individual, lo observamos en lo social y en las organizaciones, podemos comenzar a inferir que las organizaciones del futuro vivirán en cambios constantes, y estamos hablando de futuros muy cercanos. Lo harán para crear un futuro en el que sean los únicos proveedores o, si no, para no quedarse fuera del mercado. Esto marca la diferencia entre ser líder y ser competidor/seguidor. Por lo tanto, estancarse no significa quedarse, sino retroceder hasta llegar a la desaparición. El cambio queda asociado a avance y progreso. Este cambio afecta la forma de trabajar de manera personal, y también social, y todo esto puede ocurrir porque existe la sumatoria de los cambios individuales.

Por eso, pensar que la organización puede cambiar es hablar sin poder ubicar en qué residirá el cambio. Para que este ocurra, lo que tiene que cambiar es su gente. Estas personas son la causa, la razón y el futuro de la organización, y llegarán tan lejos como lejos habrá llegado la organización que las contiene. Este cambio requiere diferente capacidad y flexibilidad para relacionarse con el aprender, el soltar los modelos de interpretación y de "cómo hacer las cosas" usados hasta aquí, sin juzgar si está bien o mal lo que se ha hecho. Para hacer estos juicios se necesitan estándares de

105

comparación, y si estos vienen del pasado, no habrá cambio posible. Este reciclaje en las competencias, habilidades y maneras de mirar genera nuevos observadores que se adaptan a las realidades a crear.

Puede darse gracias a la humanidad de la gente, a un trabajo en el que su pasión sostiene la creación, cuando las emociones, la cercanía a otros, los reciclajes en lo que se sabe y se ha hecho hasta aquí generan nuevos espacios de compartir que también pueden abrazar al miedo, pero no a la parálisis… Este compartir genera experiencias diferentes. Rompe los moldes culturales anteriores, donde el "deber ser", el "se hace así", el "aquí las cosas son de esta manera", con una total anestesia hacia las emociones, las miradas, el reconocimiento del otro, nos llevan a olvidarnos de que no somos eso. De que esa máquina que nos maneja es la cultural, y que vibramos y nos reconocemos como humanos frente al cambio y a las elecciones profundas que llevan a poder generar un sueño.

Las empresas que envejecen, como el búfalo y el águila de Kübler-Ross, pueden verse más como en las etapas terminales. Las organizaciones deben vivir en la curiosidad y la agilidad de los ratones y, solo por algunos minutos, en la tranquilidad del oso que se desplaza y disfruta, después de haberse despertado a una nueva primavera. Las dos primeras etapas construyen el futuro, las dos últimas solo esperan que este llegue.

CAPÍTULO 5

RELACIÓN CON LAS CIRCUNSTANCIAS

Y así va el mundo. Hay veces en que deseo sinceramente que Noé y su comitiva hubiesen perdido el barco.

MARK TWAIN

Cuenta una vieja historia oriental que un rey quería casar a su hija con un hombre sabio. Uno que pudiera cuidarla, protegerla y comprenderla. La amaba profundamente y no quería equivocarse en la elección.

Buscó una manera de encontrar a ese hombre y recordó que desde hacía años había un halcón bellísimo sentado en una rama de un árbol que él observaba desde su ventana. El halcón raramente volaba. Solo buscaba su comida en espacios muy cercanos a su árbol y luego volvía a posarse en él. Le asombraba que un animal tan bello y perfecto para la cacería, las grandes distancias, las alturas, no se moviera, no se diera cuenta de quién era. Disponía de muchas horas para observar su plumaje café brillante, su cabeza oscura, sus ojos agudos y sus patas, que imaginaba clavadas en su presa.

Decidió entonces convocar a los hombres del mundo que él conocía a enfrentar el desafío de hacer que el halcón abandonara la rama y emprendiera el vuelo; a quien lo lograra le ofrecería la mano de su hija. Apareció una larga lista de candidatos ya que, además, el premio era apetecible por la belleza y la simpatía de la princesa. Cada uno llegó con diferentes equipamientos, sofisticados métodos, presas tentadoras. El halcón miraba y si se movía, era en un vuelo corto y volvía, poco después, a la rama. La decepción no solo invadía a los pretendientes, también alcanzaba al rey, quien veía pasar el tiempo sin que apareciera un hombre con la sabiduría suficiente como para lograr que el animal volara. Una mañana despertó y el halcón no estaba. Tampoco volvió al rato, como solía hacer. El halcón se había ido, había emprendido vuelo. Entonces apareció un hombre simple de la región y dijo: "Lo logré: el halcón voló". Intrigado, el rey le preguntó qué había hecho, cómo lo había logrado. "Simplemente", respondió el hombre, "le corté la rama."

Sería difícil describir la vida sin tiempo y sin circunstancias. Estas son el dominio del campo de juego, el escenario. Como en una película, el campo de acción y los personajes se despliegan, se mueven. Aparecen las condiciones variables, el entorno. Es lo que Ortega y Gasset (1993) plasmó en "Yo soy yo y mis circunstancias". La amplitud y la profundidad de esas circunstancias constituyen el espacio donde se da la vida misma: desde la sociedad, la cultura, la historia y los cuentos pasados, hasta el cuerpo, la manera de pensar y relacionarse. Estamos en un mundo que no podemos separar de nosotros. No hubo una cosa primero y luego otra. Nos formamos en nuestro encuentro con el mundo.

No hay un "ser de las cosas" por sí y en sí, independientemente de la manera de observar de un observador. No hay un mundo posible, más allá del que podamos advertir. En cada vida interviene lo que se hace presente porque somos capaces de distinguirlo. No hay más mundo fuera del que distingo, para mí… Eso marca la relación con las circunstancias, la manera de interpretar lo que sucede y las posibilidades que se observan o no en el mundo. Y no hay circunstancias sino en relación con el tiempo. No podría haber existido un Mandela sin el escenario racial de Sudáfrica, sin el despertar previo en Estados Unidos, sin su cárcel y su grandeza. Las circunstancias se tejen en forma intricada con quienes somos y constituyen nuestra vida.

Por ello, las circunstancias forman parte de nuestra historia, y en la relación con ellas se moldea el presente. Si queremos un futuro diferente de lo que hoy ocurre, no siempre podremos influir en las circunstancias, pero en la manera en que nos relacionemos con ellas también existe una oportunidad. Nuestra relación está basada en nuestras opiniones sobre ellas y, por supuesto, en las decisiones tomadas a partir de ellas.

En el juego de la vida, como en otros juegos, las circunstancias no son previsibles y pueden cambiar sin pedir permiso y sin aviso. En el juego del control, sería deseable que no fuera así. Buscamos con ahínco que las circunstancias estén dentro de lo que requerimos y manejamos. En la navegación a vela, las circunstancias son el viento, el agua, el clima, la cantidad de sal, los cuerpos, los pensamientos y las emociones de los marineros, el material de construcción del barco, su forma, los mapas; las circunstancias son todo esto y mucho más. Pelear con el viento porque cambia demasiado rápido o sopla en contra es inútil. La sabiduría es reconocer cuanto antes lo que sucede y decidir cómo apoyarnos en eso que está sucediendo para lograr lo que buscamos. La necesidad de control nos hace pelear contra las circunstancias. Entonces entramos en crisis. La crisis no sucede afuera, porque allí ocurre eso que está pasando; la crisis es personal, porque las circunstancias cambiaron y aparece el deseo de aferrarnos, de querer sostener, reclamar las circunstancias anteriores sin adaptarnos a las nuevas. Estas crisis pueden durar mucho tiempo.

La manera de aferrarnos a lo que ya sabemos y discutir por no entrar en ese nuevo mundo es parte de la fantasía: porque las circunstancias cambiaron y, de igual modo, seguimos allí. ¡Cuánto sufrimiento por querer sostener lo que ya no está! ¡Qué maravillosa capacidad de imaginación para seguir habitando un mundo en el que ya no están ni el cuerpo ni lo que sucede! En los juegos de negación, de enojo, de tristeza, de explicaciones intelectuales, el observador no puede mirar lo que hay. No puede preguntarse cómo se gana el juego aquí y ahora.

He nacido sin estrella. Toda la fuerza y los deseos de mi madre se han ido con mi hermano mayor. Me quedó lo que sobraba: un cuerpo que parece armado por los retazos que quedaron de la construcción de otros. El tórax pequeño y con poco busto. Las caderas grandes, voluminosas, de un talle de diferencia con la parte de arriba. Los brazos delgados y las piernas gruesas y hasta torcidas. Tengo manos de dedos cortos y gruesos como salchichas. No me fue bien en ese reparto.

Tampoco me ha ido bien en la vida. No fue fácil ni regalada. Comparada con mi hermano, siempre me ha costado todo el doble o el triple que a los demás. No creo en la oportunidad de esta vida, tal vez en la otra me vaya mejor.

Renegar de las circunstancias cuando nos toca jugar el juego de la vida, es comenzar un juego queriendo jugar otro. Las circunstancias son el escenario, la decoración, la historia de los personajes, la historia del lugar, los trajes.

Ortega y Gasset, con su frase "Yo soy yo y mi circunstancia", le agregó a su texto un final que dice: "Y si no la salvo a ella, no me salvo yo". Separarnos de las circunstancias nos lleva a una idea de desprendimiento y victimización frente a lo que ocurre. Dadas estas circunstancias, y dado quién soy hasta aquí, ¿qué quiero lograr?

Nos conformamos con una historia de héroes pequeña o podemos elegir crear la historia que nos da sentido. Ser capaces de soltarnos de lo más seguro, lo más preciado, muchas veces nos abre nuevas posibilidades y una nueva vida.

No podemos elegir las circunstancias. No hemos elegido el momento histórico que habitamos, ni la sociedad o la cultura, ni el cuerpo o el mundo en el que se desenvuelve nuestra vida. La vida está formada por imprevistos. Pero se puede elegir cómo relacionarnos con eso que ocurre. Esto nos abre a posibilidades y permite elegir desde dónde queremos relacionarnos con lo que pasa. La vida ocurre en las circunstancias. No hay un mundo indeterminado y abstracto que se manifieste aquí y ahora. Las circunstancias son como el escenario en el cual desplegamos la acción. Por eso somos libres: libres de elegir qué será y cómo se desplegará lo que deseamos en ese mundo. Aun frente a hechos impensados, nosotros determinamos la conducta a seguir.

Tampoco podemos relacionarnos con el futuro como si estuviera prefijado, porque aunque las probabilidades nos lleven a pensar que es ese, las circunstancias pueden cambiar. Por eso la vida no llega construida ni diseñada. Es una decisión constante acerca de quiénes seremos, qué haremos, cómo lo haremos.

Antes de los veinticinco años, comencé con una retinosis que me avisaron que me llevaría a la ceguera. Estaba estudiando en la universidad, mi carrera de contador. Escuché atentamente cuando el médico me dijo que mejor me volviera a mi casa a esperar perder la vista. Sentí en esa opinión algo parecido a transformarme en un mueble. Decidí que ese no era mi destino.

Somos varios hermanos. Tres del grupo heredamos la enfermedad que no se manifestó en ninguno de nuestros padres. La relación con la enfermedad generó diferentes resultados en la vida de cada uno de nosotros. Mi hermano vive enojado y deprimido. Una hermana se resigna y se limita. Yo salí a probar caminar, correr, conocer de otras formas que no fueran a través de los ojos. Distinguí una confianza que antes no había conocido. Aprendí que cuando me concentro en lo que me falta, la experiencia me entristece o enoja. Cuando pienso en lo que hay, degusto la vida como un platillo exquisito.

La ceguera me llevó a valorar otras cosas, a seguir formándome y conociendo el mundo y he hecho más cosas de las que habría hecho si hubiera conservado todos mis sentidos. No me gusta pobretearme. Sigo parada en mis sueños y vivo para lograrlos.

Verenice me contó esta experiencia conmovedora. Conozco a quien dice que la ceguera le ha abierto una posibilidad que tal vez nunca habría imaginado si hubiese conservado el sentido de la vista. La interpretación de lo que ocurre es producto de nuestra libertad: lo que es o lo que interpretamos, lo que vemos como limitación o como oportunidad.

Esta vida que nos fue regalada será producto de la creación en las circunstancias que nos tocan. La elección ocurre de momento a momento y no solo en circunstancias extremas. Aun cuando decimos "no puedo hacer otra cosa", esa decisión también es nuestra. El futuro no está fijado y siempre existe la posibilidad de incidir en él.

En nuestra propia definición de quiénes somos y de nuestros valores, aparece, además, la posibilidad de ser auténticos con nosotros mismos en el uso de nuestra libertad para elegir.

Nuestro ser se va constituyendo en cada elección que hacemos, más influido por lo que queremos ser que por lo que somos. Esa elección tiene que ver con la interpretación elegida de manera consciente o desde la cultura.

La relación con la muerte está teñida por un juicio social de drama. Siendo estudiante universitaria, Elisabeth Kübler-Ross visitó una vez los campos de concentración y al entrar en los barracones de Maidanek, donde la gente había esperado la muerte, encontró muchos dibujos de mariposas hechos por los niños. A partir de esos dibujos, pudo estudiar cómo los niños que estuvieron en ese lugar se relacionaban de manera diferente, creativa, con la muerte. Observó, por ejemplo, orugas que se transformaban en mariposas en las paredes. Como si comprendieran la vida y la muerte como proceso. Después de esa visita, ella eligió la mariposa como un símbolo para su trabajo. Aun cuando, en apariencia, no hay más futuro, algunos lo crean frente a lo que no conocen, gracias a su interpretación.

Por eso nuestra vida está relacionada en el tiempo con el futuro. Si la vivimos mirando hacia adelante, es la visión de futuro lo que nos lleva, y el pasado y el presente se descubren después, en relación con el futuro. Ortega y Gasset (1993), en la Lección 11 de *¿Qué es la filosofía?*, habla de dos tiempos: el de las cosas, o cósmico, y el de la vida. Para el tiempo cósmico, solo hay presente. Para el tiempo de la vida, el tiempo es el futuro, con un ser que mira hacia él y usa el presente para construirlo. El deseo nos ubica y nos relaciona con el futuro, y nuestras decisiones, aunque no lo pensemos así, influyen y construyen nuestro futuro. "El corazón, máquina incansable de preferir y desdeñar…". (Ortega y Gasset, 1993.)

Mirar de otra manera

No hay que buscar nuevos horizontes,
hay que cambiar la manera de mirar.
MARCEL PROUST

Nuestra casa, el paraíso terrenal

Me parece que he conocido el paraíso en vida… Es un bosque maravilloso, donde los pájaros cantan sin temor de ser agredidos. La luz del sol se filtra dejando claras las líneas oblicuas de su descenso a la tierra a través de los árboles. Mirar hacia el cielo es descubrir un camino donde troncos centenarios se elevan como flechas, dirigiendo la mirada. Árboles altísimos que recuerdan la pequeñez y la finitud.

Los perfumes de las esencias son muy fuertes. Dan ganas de respirar profundo como si esas esencias fueran sanadoras. Nadie grita, nadie llora. Cuando se encuentra a otro ser por allí, pasea feliz, o corre en paz con el mundo que lo rodea, consigo mismo.

Los frutos caen al suelo. Si nadie hace nada en contra, el fruto está donde debe estar: cerca de la tierra para reproducirse y traer más árboles.

He buscado el árbol de las manzanas, el del fruto prohibido. No lo encontré. Pero también leí alguna vez que nunca existió allí ese árbol; es –dicen– una mala traducción de Árbol del Conocimiento. Es posible que sea cierto porque aquí no está.

No hace frío, tampoco calor. El clima parece diseñado para no interrumpir el disfrute. Debe ser porque ha comenzado el verano, supongo, también en el paraíso.

Otro dato me asombra. Dicen que el paraíso debe haber estado en el Oriente, en una región ubicada entre el Tigris y el Éufrates. Hay quienes dicen que era una tierra muy fértil para los cultivos cerca del lago de Urmia, en el Monte Ombligo. La Biblia lo ubica en lo que hoy es un desierto de tierra caliza en el sudeste de Turquía, zona limítrofe entre Siria, Irak e Irán. Se cree que esos habitantes domesticaron el trigo salvaje… y las excavaciones muestran que esa zona era un vergel.

Aquí, en el paraíso en el que estoy, no hay trigo. Los árboles parecen estar aquí desde siempre… Tal vez el Jardín del Edén sea más una sensación que se siente en algún lugar donde se combinan belleza, paz y placer; a fin de cuentas, "paraíso" parece provenir de una palabra de origen persa que significa "parque real o suelo de placer".

Mi paraíso está a la vuelta de mi casa, en el Bosque de Contadero que se confunde con el Desierto de los Leones y con la Marquesa. Son nombres que el bosque no debe saber que tiene y los pájaros transitan de un lugar a otro sin conocer que cambiaron de distrito.

Cuando con orgullo hablo de mi paraíso, encuentro que mucha gente tiene el suyo. Que el paraíso está aquí, en la Tierra, y no en el séptimo cielo. Que para disfrutarlo no hay que esperar a morir. Solo hay que saber mirar.

No imagino a nadie tirando papeles o desechos en el paraíso. Porque es el lugar deseado, el premio. Estamos parados en él y no nos dimos cuenta.

En vez de sentirnos dichosos y agradecidos por el regalo, creemos que no es nuestro, que no hay que cuidarlo y que el edén llegará después. El cambio en la relación produce diferentes estados de ánimo, diferentes acciones, diferentes resultados.

Dos grandes corrientes discuten hoy el calentamiento global. En una de estas dicen, y muestran pruebas, que la Tierra se ha calentado por ciclos y que, debajo del hielo en la Antártida y en el Polo Norte, se han encontrado restos de vida que muestran vestigios de vegetales de etapas de calor. En la otra, declaran que el calentamiento global se debe a la forma en que el hombre, la plaga mayor de la Tierra, ha hecho uso de ella: desde el consumo de combustibles que ha provocado el derretimiento de glaciares, lo que generó mayor caudal en los ríos, mares y lluvias intensas, hasta la extinción a diario de diversas especies.

La contaminación del agua, el número de habitantes en grandes urbes, los medicamentos, han generado la aparición de nuevas bacterias por mutación y virus. Sabemos que los alimentos para la creciente población mundial constituyen una preocupación del futuro. Los seres humanos consumen el 40 por ciento de los recursos del planeta.

Esta manera de vivir en él parte de creencias basadas en la inferioridad y el "no poder". La idea de la posesión como si fuese real, de animales y tierras, hace que pensemos que se puede usar y gastar porque todo es nuestro...

Es notable cómo, en las culturas más pobres del mundo, el sentimiento de que todo lo que está afuera de la casa no es propio sirve para que puedan ensuciar y destruir. El Foro de Seguridad da estos datos en un trabajo publicado en su página web. Es que el tamaño de la relación con lo que rodea genera diferentes realidades. La declaración de superioridad frente a otros también genera realidades diferentes.

Maturana (2006) dice que las poblaciones en crecimiento continuo son generadoras inevitables de pobreza y que se extrae del entorno a mayor velocidad que lo que se tarda en reponer. Los ritmos de crecimiento de la población son diferentes de los ciclos naturales. Además, cuando la acumulación solo se da en un grupo, los más ricos, se rompe la posibilidad de la equiparación. La solidaridad, el altruismo y la beneficencia, afirma Maturana, son meros paliativos que no destierran la pobreza pero tranquilizan la conciencia de los donantes. Lo que vence a la pobreza es la educación.

Esta educación de la que habla Maturana incluye el cambio de cultura, el cambio en las creencias básicas que nos llevan a vivir como hoy lo hacemos. La idea de que somos los "reyes de la creación" pone al resto de los seres a nuestro servicio. La voracidad es un juego a corto plazo. En algún momento el voraz también se comió o destruyó aquello que le permitió vivir…

Algunos investigadores, basados en evaluaciones geológicas, físicas y cuánticas, dicen que ese futuro está determinado, entre otros factores, por la luminosidad del sol, la disminución paulatina del calor generado en el centro de la Tierra, la influencia de otros cuerpos del sistema solar sobre ella y sus consecuentes variaciones bioquímicas.

Gregg Braden (2012), basándose en la teoría de Milankovitch (1879-1958), señala que las glaciaciones están causadas por la excentricidad de la órbita de la Tierra. Braden encontró una relación entre el 21 de diciembre del 2012 y el fin de ciclo anunciado por los mayas. En este ciclo descripto de 5.125 años, el Sol se ha movido hacia el ecuador de la Vía Láctea. Los polos magnéticos están en un proceso de debilitamiento y en algún momento cambiarán, como ya lo han hecho otras veces. Con más precisión, parece que ya ocurrió catorce veces.

Entonces existen dos puntos de vista descriptos aquí para explicar lo que sucede. Puede haber miles más… la mirada sistémica y responsable para la declaración de relación con lo que sucede puede llevar al ser humano a un punto de amor y cuidado por la casa en la que vive: no solo su pequeña propiedad, invisible a escala del universo, sino la Tierra y la Vía Láctea como galaxia a la que pertenece.

En apariencia, algunas emociones y algunos sentimientos se originan desde el corazón: el amor, la gratitud, el cuidado. Se crea así, dice Braden, un campo magnético que se relaciona con el de la Tierra. Cuando se entra en sintonía con ella se crea una experiencia de "coherencia" que incluso puede ser medida.

Cuando Maturana (2006) habla de la diferencia que haría la educación, también se refiere a la aceptación del otro como legítimo. Esta posición promueve el respeto y es base para la generación de acuerdos. Intercambiar puntos de vista permitirá aumentar nuestro nivel de conciencia, las implicancias de nuestros actos, incluido el habla, y la incidencia en un mundo más grande que el que creemos y declaramos "nuestro". A medida que se expanda, esta conciencia permitirá generar una creciente relación de amor y respeto por lo que nos rodea.

Las teorías que quieren imponerse desde el miedo quitan poder y capacidad de acción. El apocalipsis, el fin del mundo, terminan separándonos más, generando más soledad, disminuyendo la capacidad de influir y de producir un cambio. La compasión puede ser el sentimiento que acerque e iguale, que genere el respeto y la escucha.

Einstein (1950), en una carta de pésame dirigida al doctor Marcus, escribió:

El ser humano es tan solo una parte del todo, llamado "Universo", una parte limitada en tiempo y espacio. Se percibe a sí mismo, en pensamiento y sentimiento, como algo separado del resto, un tipo de ilusión óptica del subconsciente. Esta ilusión es una clase de prisión para nosotros, nos restringe a decisiones personales y, por tanto, afecta a quienes nos rodean…

Nuestra tarea debería de ser liberarnos de esta prisión, ampliando nuestro círculo de compasión para incluir a todas las criaturas vivientes y a toda la belleza de la naturaleza.

TERCERA PARTE

NUEVAS CREENCIAS
PARA CREAR UN FUTURO

CAPÍTULO 6

LAS CREENCIAS QUE HOY NOS ESTÁN TRANSFORMANDO

*Un mundo diferente no puede ser construido
por personas indiferentes.*

PETER MARSHALL

Osho (2010) cuenta la siguiente historia:

*Había una vez un arroyo que bajaba desde las montañas y después de un
muy largo camino llegaba al desierto. Al tocar la arena, pensó que su camino
sería como el de antes, pero encontró que apenas la tocaba, sus aguas se
diluían, se enlentecían y no podía avanzar.*

*Una voz desde algún lugar le dijo: "El viento cruza el desierto. El agua,
también lo puede hacer".*

*El arroyo muy malhumorado contestó: "El viento puede hacer eso por-
que vuela; yo estoy insistiendo, arremetiendo y poniendo todo de mí para
avanzar ¡y no puedo!".*

*El arroyo siguió discutiendo enojado: "Pero ¿por qué me pasa esto a
mí, justo ahora?".*

La voz volvió a hablar: "Deja que el viento te absorba y te lleve".

*"No", dijo el arroyo. "¡Eso no puede ser! No puedo dejar de ser quién
soy, y correr un riesgo así. Además, nunca volvería luego a ser el arroyo
que soy, porque yo soy arroyo…"*

*El viento le explicó que era cierto. Que tal vez, después de evaporarse,
no volvería en forma de río.*

*El arroyo continuó defendiendo lo que era: un arroyo. Eso sabía, eso
era, así lo conocían…*

*La voz volvió a hablar y le preguntó: "¿Es ser arroyo el núcleo de tu
vida? ¿O será que arroyo es la forma que tomas?…".*

*El arroyo discutió mucho tiempo mientras sus aguas se diluían y se
transformaban en un pantano. Su voz se iba debilitando. No podía correr,
no podía saltar… Sus palabras se enlentecían…*

Cuando, cansado, hizo un silencio, escuchó su propia voz interior, esa que había querido decir pero no era escuchada por el ruido de la otra. Esta voz le explicaba que él venía del lugar en donde se le ofrecía transformarse, que confiara, que se definiera, que no defendiera lo superficial, la forma.

El arroyo, aún con miedo, aceptó. Comenzó a evaporarse, a elevarse, cruzó el desierto y las montañas, y luego comenzó a caer, a llover intensamente, a formarse de nuevo en un río majestuoso al que se agregó el agua que venía desde otros lados.

Se sintió feliz. Escuchaba su voz cantar más fuerte, distinta a la anterior y, en el fondo, conservando un dejo de "ser la misma"...

Las arenas, felices, conversaron: "Lo sabíamos. Cuántas veces hemos visto esta misma lucha... Lástima que tanto les cueste comprender que el camino de la vida está signado por el paso sobre nosotras...".

"Nuevos juegos, nuevos mundos", es la frase que utiliza Fernando Flores para nombrar su blog usado mientras fue Presidente de la Comisión de Innovación del Gobierno de Chile y que, opuesta a la que empleamos en nuestra cultura y que comenzó el prefacio de este libro, abre posibilidades. Darnos cuenta de que eso que ocurre allí afuera, más que un campo de batalla, puede ser un mundo de oportunidades. Los que hemos pasado los cuarenta años, somos sobrevivientes e inmigrantes en un mundo que cambió profundamente nuestra manera de vivir.

La identidad está basada en lo que los demás piensan de nosotros. No tiene que ver con la manera en que yo puedo definir quién y cómo soy, sino con los juicios que los demás hacen de mí. La fama se genera por un juicio común de muchas personas pensando, en algunos puntos, de manera igual sobre alguien. Años atrás, la fama estaba relacionada con el conocimiento de alguien por otros basado en la persona, su manera de pensar, proceder, ser. Hoy esa fama está abierta a todos. Como dice Flores, antes la marcaba también un currículum; hoy la define quién se es, en un mundo de relación. Al conocimiento se accedía a través de maestros y de libros, y la base era el "saber". Hoy, la flexibilidad para aprender y el saber dónde buscar dan la oportunidad de generar distinciones que permitan incorporar nuevas formas de ser y de actuar.

Hace muchos años que la escuela no es divertida. Que el aprendizaje está asociado a ciertos grados de rigidez. La tecnología y los juegos han vuelto a acercar la idea de aprender disfrutando, en forma natural, como lo hicimos de bebés. Cuando Flores inventó, con sus hijas, un curso de aprendizaje sobre coordinación de acciones en pequeños equipos de trabajo, lo hizo a partir de un juego de la red. Es imposible obviar y dejar de observarse en la capacidad de aprender: el juego nos obliga a reconocer límites, a insistir, investigar, o a darnos por vencidos, a reconocer que el error es aprendizaje y que hay muchas vidas dentro de la vida, a festejar el éxito y soltarlo porque llega el nuevo desafío, a observar cómo el humor o el estado de ánimo influye en los resultados, y cómo se afecta a un equipo o a quienes nos rodean.

Es el aprendizaje lo nos muestra qué y cómo ganamos: tanto dinero, tantos objetos, tanto poder. También recuerda que el reconocimiento y el honor no se pueden comprar: resultan del mérito y del hecho de haber participado en las grandes batallas, en los riesgos mayores; también de haber confrontado la incertidumbre y el peligro. Hay oportunidades, entonces, de nuevas formas de aprender que influyen de modo poderoso en nuestra manera de ser. No se puede "ser uno" jugando el juego y "ser otro" en la vida cotidiana.

La manera de ver la vida es influida por los juegos, y los juegos por quiénes somos. En su novela *Snow Crash*, Neal Stephenson (1993), propone una nueva palabra para expresar un mundo nuevo: el "Metaverso", su manera de denominar el ciberespacio, que describe la inmersión en espacios tridimensionales. Cuando una persona está jugando en Internet, el personaje del juego es un avatar de quien juega…. Es su álter ego, su representante. Esta novela del género ciberpunk tiene el poder de confundir ambos mundos y, a la vez, mostrar que esa posibilidad no es tan remota. Ese mundo, pintado por Stephenson con maestría, nos hace sentir que estamos leyendo las noticias de dentro de un año y que la manera de ver el mundo volverá a cambiar con cierto dramatismo dentro de muy poco.

La conexión con el mundo lleva a pensar en culturas y en economías, no en fronteras por países. Cada cultura tiene una forma de ver el mundo y nos presenta una oportunidad de aprender a observar y reconocer, en lugar de querer dominar y traer el modelo conocido como verdad. La diversidad es una oportunidad. La relación con otros ofrece una nueva oportunidad, si estamos dispuestos a mirar con nuevos ojos. Estos otros aparecen como sociedades, empresas, organizaciones sin fines de lucro, familias, familias declaradas diferentes a las relaciones por el ADN que antes eran la base para formar parte, y que hoy se las conoce como familias ensambladas... Casi todo lo que conocemos está siendo afectado por este nuevo modelo de pensamiento. Estos cambios demuestran cada vez más que es el lenguaje el que genera las diferencias y las transformaciones. Cuando Flores (1989) se refiere a las organizaciones del futuro en su libro *Inventando las empresas del siglo XXI*, muestra que si bien en la antigüedad los conocimientos de química eran elementales, esta se usaba en las actividades de la vida cotidiana: hacer vino, cerveza, pan, quesos, crema. El lenguaje ha traído las herramientas fundamentales para desarrollar la química como conocimiento científico: el lenguaje declarativo, el generativo y el descriptivo. Cada uno de estos dominios lingüísticos abre mundos diferentes. El lenguaje descriptivo nos habilita en la descripción del mundo, tanto en lo que podemos observar y comparar en su veracidad con lo que otro dice como en nuestras opiniones. El lenguaje generativo permite la acción e incidir en un tiempo que aún no llega, el futuro. Los pedidos y las promesas son elementos fundamentales en la coordinación de acciones. El lenguaje declarativo es el creador de realidades nuevas, solo porque es pronunciado por quien elige hacerlo o tiene la autoridad para ello. Así es como podemos expresar nuestros sentimientos, agradecer, aceptar y negar. También los jueces pueden declarar culpable a alguien y declarar la unión matrimonial entre dos personas.

Ya estamos habitando este nuevo mundo. Algunos ya transformaron su sistema de creencias, lo aceptaron plenamente y se adaptaron. Otros aún están peleando… jugando a "como si" lo hubieran aceptado; hay quienes lo niegan resistiéndolo y están nostálgicos respecto del pasado y de lo que conocían. Alguien, algunos han creado este nuevo mundo y han hecho historia. Todavía estamos a tiempo de agregarle una humanidad necesaria, un profundo respeto por los otros y por las diferencias, una integración plena con el mundo que habitamos. Pensemos también en el mundo que dejaremos a nuestra descendencia.

CAPÍTULO 7

NO HAY UN FUTURO,
HAY MUCHOS FUTUROS POSIBLES

> *Algunos hombres observan el mundo y se*
> *preguntan "¿por qué?". Otros observan*
> *el mundo y se preguntan "¿por qué no?".*
> GEORGE BERNARD SHAW

En 1998 se estrenó el largometraje alemán Corre, Lola, corre. *La historia comienza con una protagonista a la que, al ir a comprar tabaco, le han robado su moto. Recibe un llamado telefónico de su novio, Manni, quien no es precisamente un trabajador dedicado y comprometido. Es un criminal de poca monta que acaba de perder una bolsa con 10.000 francos que pertenecen a su jefe. Al cerrarse las puertas del vagón del tren, observa cómo un vagabundo recoge la bolsa y huye... Manni tendría que haber sido recogido por Lola, pero como ella no tenía motocicleta después del robo, no pudo ir.*

Solo quedan veinte minutos para que Manni entregue el dinero a su jefe. Le comunica a su novia que si no consigue el dinero en ese tiempo, robará el supermercado que tiene enfrente. Lola le pide que no lo haga y que la deje actuar. Piensa en pedirle el dinero a su padre, que es banquero, y comienza a correr...

Lo interesante de esta película es que, a partir de esta llamada telefónica, Lola emprende tres carreras diferentes, causadas por sus decisiones y por las situaciones planteadas entre y con los personajes de la historia que se repiten en los tres casos. Los encuentros cambian la vida de Lola y de los otros personajes, así como los resultados.

En su primera carrera para salvar a Manni, Lola se encuentra con un perro que, como le gruñe, la hace correr más rápido por el susto. Busca encontrar a su padre que trabaja en un banco. En el camino, y por su apuro, causa un accidente a un coche, cuyo propietario resulta luego ser conocido de su padre. Cuando llega al banco, el padre le niega el dinero y le dice que ella no es bienvenida, que él no se siente querido y que abandonará la casa y se irá con su amante, además de aclararle que él no es su padre verdadero.

Lola es echada del banco y cuando pregunta la hora, se da cuenta de que es tarde. Manni ya está robando la tienda. Ella decide colaborar con él. Cuando escapan, la policía los rodea y uno de los agentes dispara su arma y la hiere. Segundos antes de su muerte, mirándolo a los ojos, Lola le pregunta a Manni si él la ama. Él le dice que sí, pero que si en vez de conocerla a ella hubiera conocido a otra, amaría a la otra... Lola parece morir, pero vuelve en sí y decide que no es eso lo que elige.

Comienza la segunda carrera.

En esta, cuando Lola se encuentra con el perro, el dueño le pone el pie para que se tropiece. Lola se levanta cojeando. No puede correr tanto esta vez, pero el amigo de su papá vuelve a chocar. Cuando llega al banco a hablar con su padre, la amante ya había estado allí y le había dado la noticia de que espera un hijo de otro hombre. Lola, enfurecida, roba el arma del guardia del banco y lo asalta. La policía la confunde, no la detiene, y Lola huye a buscar a Manni con el dinero en la mano. Lo ve, lo llama y él, al cruzar la calle para reunirse con ella, es atropellado por una ambulancia. Esta vez es Manni quien antes de morir le pregunta a Lola si lo ama. Ella responde que nunca lo dejaría morir, pero que si sucede, lo lloraría un tiempo y luego buscaría otro amor. Manni no acepta este final y comienza la tercera carrera.

Esta vez Lola es más rápida. Aprendió del perro y lo salta. Sin temor, ella es la que le gruñe. No provoca el accidente y cuando el auto se detiene frente al banco, ve a su padre subiéndose al vehículo. Los corre desesperadamente para alcanzarlos, pero los pierde. Cuando se resigna, observa que está frente a un casino. La ficha cuesta 100 francos y ella tiene 99. La niña del casino la ayuda y con esa sola ficha gana dos veces seguidas en una mesa de ruleta. Ya cubrió lo que Manni requería y aún le sobra dinero. Mientras corre, encuentra detenida a la ambulancia y se sube. El guardia que ella conocía estaba muy grave.

Manni, mientras tanto, ve al vagabundo que había tomado su dinero y lo persigue. Sin querer, causa un accidente en el que mueren el padre de Lola, el amigo y el ladrón de la moto de la muchacha. Feliz, Manni recupera el dinero y le regala su arma al vagabundo. Lola ve que su novio se baja del auto de su jefe y le pregunta qué lleva en la bolsa.

Lola sonríe....

Es un interesante largometraje, en el que los mismos personajes, algunas circunstancias semejantes, en distintos tiempos y con distintas decisiones, generan tres futuros diferentes. El accidente de la escalera de la segunda corrida hace que

Lola llegue más tarde a ver a su padre y que la amante de este haya podido pasar antes a verlo y decirle que espera un hijo de otro… La escena de su muerte le mostró que ella no era el gran amor de Manni y que haber muerto no le serviría siquiera para ser recordada. Decide revertir la historia y buscar otro final. Cada pequeño suceso cambia la vida de los participantes, la de Manni y la de Lola, como sucede con cada uno de nosotros. ¿Nos damos cuenta?

Es así como la complejidad, lo sistémico, trabajan en las vidas de las personas. Pero cuando solo lo observamos en forma lineal desaparece la conciencia de cómo inciden en el porvenir inmediato y mediato las circunstancias y las acciones. Creer en el destino es una buena excusa…

El futuro es un tema intrigante para el ser humano. Querría conocerlo, manipularlo, cambiarlo. Desde la antigüedad se han buscado esta relación y su conocimiento para lograr anticipación y preparación. Por ello, las artes adivinatorias, la magia, la brujería y las formas premonitorias siguen coexistiendo hoy con métodos más nuevos y con base en las matemáticas, la estadística, el análisis de tendencias, la proyección de datos, los pronósticos, entre muchas otras metodologías.

Parece que este deseo de conocer e imaginar el futuro no lo tiene ningún otro ser vivo: los seres humanos pensamos y creamos relaciones, somos conscientes de nuestras emociones y las podemos describir; tenemos la inteligencia que nos permite generar las interrelaciones que elaboran el conocimiento y tenemos intención, lo que nos permite dirigir en consciencia nuestras acciones hacia un objetivo.

Los antiguos griegos consultaban el Oráculo de Delfos y algunos aún hoy creen en las profecías de Nostradamus, las líneas de las manos (que no son más que las cicatrices que quedan en la piel durante la etapa fetal cuando los bebés tienen los puños cerrados), las piedras (runas), la borra del café, y muchas otras "técnicas adivinatorias".

Gran cantidad de eventos como corridas bursátiles, invasiones, guerras pudieron ser imaginados, y hasta provocados. Otros podrían imaginarse, ya que, por cierto, la estadística muestra que ocurren: las catástrofes naturales, las muertes, los nacimientos y matrimonios. Algunos se relacionan con el futuro en cuanto algo ineludible hacia el que avanzamos: el destino.

De acuerdo con la manera en que nos relacionemos con el futuro y el poder que creamos tener para construirlo, podemos encontrarnos con algunas expresiones que muestran con claridad ese nivel de relación.

Cuando a muchos ejecutivos de empresas, como a muchas personas que están hablando de su vida, se les pregunta sobre su futuro, responden que están demasiado ocupados en el presente como para tomarse el tiempo de pensar en el porvenir. Otros dicen abriendo los ojos bien grandes: "¡Qué sé yo!" (declaración que muestra que no tienen mucho que ver con la construcción de su futuro). Otros se ríen, o hacen un gesto de total desconocimiento o desinterés. A todos ellos les tocará un futuro por *default*: el que resulte de sus decisiones del pasado y de las que otros tomen por ellos.

Hay quienes pretenden que alguien les informe sobre qué hacer en el futuro, qué pasará, qué productos podrían ser exitosos, qué oportunidades se avizoran. Estos están esperando que les predigan el futuro, que esa persona se comporte como un brujo, un "horoscopero", un adivino. Se relacionan con el futuro en la creencia de que hay un destino. Como si el camino estuviese trazado, creen en la adivinación y en la profecía. Para ellos, el poder está fuera de todo y solo queda la esperanza o la resignación como solución. Muchos arquetipos están construidos sobre esta visión del futuro:

las princesas esperan a un príncipe que las salve, Pinocho espera que un hada madrina lo transforme en un niño de carne y hueso, el príncipe espera, tras la apariencia de sapo, el beso transformador.

Otra manera de relacionarse con el futuro, es creer en el porvenir. En este tiempo por llegar se pueden imaginar mundos extraordinarios: la utopía y la ciencia ficción pertenecen a ese mundo donde un tercero parece poseer alguna capacidad, mayor que la nuestra, para relacionarse con el futuro. Es preferible no creer en estas predicciones dichas por un humano con capacidades al menos similares a las propias, y para no endilgar las culpas a nadie, es conveniente que nos hagamos cargo de ese futuro. No es producto del devenir, sino que ha sido construido por alguien, algunos, a los que les importó y que, además, creyeron que crearían una nueva historia. Si fue hecho por casualidad, lo ha sido a partir de las decisiones tomadas en las circunstancias que afrontaron. Lo que ocurre tiene que ver con nosotros.

Sin embargo, hay quienes han "predicho" el futuro. Algunos fueron notables: Julio Verne [1828-1905] habló de viajes en el aire, bajo el agua y en el espacio. Parte de su inspiración podría deberse a que tuvo amistad con un fotógrafo, Félix Nadar, que tomaba fotografías desde un globo. No tenía relación directa con la ciencia y su imaginación no pudo apoyarse en ella, porque inclusive en su época la posición científica era conservadora, pero conversaba con personas que poseían mucho conocimiento.

Leonardo da Vinci [1452-1519], pintor, inventor, pensador y visionario, diseñó máquinas que surcarían el cielo, como helicópteros y aviones. Todos estos inventos podrían haberse mantenido en el aire, pero su diseño no incluía los motores que los sostuvieran por un tiempo prolongado y que hubieran permitido darles dirección. También creó un autómata, así como una calculadora con trece ruedas, que habría funcionado con eficacia.

En algún momento de la historia se dijo que el Sol giraba alrededor de la Tierra. Al respecto, el paso del tiempo y el avance de las observaciones permitieron llegar a la conclusión de que es la Tierra la que gira alrededor del Sol. El fenómeno siguió siendo el mismo; lo que se alteró fue el punto de vista de la ciencia, dejando también en el camino algunos mártires, víctimas de quienes sostenían posturas muy conservadoras y no aceptaban cambios que hoy llamamos paradigmáticos.

Su tataranieto encontró en una caja de seguridad otra novela escrita por él en 1885, que se publicó en 1994. La novela se llama *París en el siglo XX*. Verne la había presentado a su editor Hetzel, pero este opinó que era muy pesimista y la guardó para un tiempo mejor. En el libro se describen automóviles movidos por gasolina, trenes de alta velocidad, calculadoras, una red mundial de tipo telegráfico, que bien podría acercarse a la descripción de lo que hoy es Internet. Predijo edificios de cristal, que coinciden con una manera de construir hoy y también con la obra de arte de tipo geométrico que se encuentra frente al Museo del Louvre y que ha roto con la imagen clásica original.

Otro gran visionario fue Alvin Toffler (1970, 1995) Es un hombre profundamente influenciado por la teoría cartesiana, que consideraba que, para poder lograr algo, el foco debía estar puesto en la acción de la creación, más que en la manera de observar del creador. Su primer libro se titulaba *El shock del futuro* y mostraba posibilidades de futuros. Esta obra era una extensión de un artículo que había escrito para la revista *Playboy* y analizaba la cantidad de cambio producida en un lapso corto. Thomas Kuhn también pudo ser inspiración para Toffler, cuando habló de un cambio paradigmático que llevaría a la sociedad de tipo industrial hacia una basada en la información, y que esa evolución podía superar y dejar atrás a muchas personas. Después de la publicación del libro de Kuhn, Toffler escribió *La tercera ola.*

Hace tiempo que los estudios de futuro se basan en dos enfoques diferentes: el primero considera los hechos y su comportamiento a largo plazo; lo llamaremos "determinista" (Mojica 1999). Estos se basan en el conocimiento de tendencias que se toman como verdades a ocurrir estadísticamente en el futuro. Por lo tanto, la actitud humana es pasiva, sometiéndose a las fuerzas de algo llamado "destino". Sin embargo hay factores que marcan la inercia, pero también hay factores de cambio que pueden modificar el curso. Muchas veces, son impensados y autores como Fernando Flores los llaman "contingencias" (2013)

El segundo enfoque sobre el futuro se basa en que los seres humanos construimos el porvenir a partir de nuestras decisiones: se lo denomina "voluntarista". Algunos consideran que el ser humano es dueño de su destino, otros dicen ser sometidos al imperio del destino. "Las cosas no se vuelven irremediables sino cuando los mejores renuncian y se inclinan ante el crecimiento de la fatalidad de los hechos", dijo Roger Martin du Gard [1881-1958] (1940). Este escritor francés, novelista, recibió el Premio Nobel de Literatura en 1937. La corriente voluntarista sostiene la posibilidad de construir el futuro, en vez de preverlo.

Ambos tipos de posturas, determinista y voluntarista, pueden apoyarse entre sí y no son mutuamente excluyentes. De hecho excluir alguna, genera una metodología con mayor posibilidad de fracaso y su combinación pueden acercarnos al éxito.

Nos planteamos algunas preguntas: en algún momento hubo personas que pudieron imaginar el mundo con cien, doscientos y hasta casi quinientos años de adelanto. ¿En qué se basaron? ¿Cómo pudieron hacerlo?

Pronosticar el futuro

La palabra *prognosis* proviene del griego y significa conocimiento anticipado, conocer antes de que suceda.

En inglés, el vocablo *forecasting* (pronóstico) se aplica para referirse a prever el futuro. Surgió a fines de la década de 1950 y quienes desarrollaron la metodología fueron matemáticos estadounidenses. Se fundamenta en pensar que lo que ocurre puede imponerse o continuar en el tiempo. Si es así, se puede prever el comportamiento de los acontecimientos. Las tendencias son una demostración de este trabajo de prognosis, para el cual nos basamos en algo que ocurre y puede continuar sucediendo, cada vez con más fuerza. La tecnología se muestra como una tendencia cada vez más relevante e influyente. Nos acerca a un mundo de información que nos era imposible imaginar hace quince años atrás.

Empresas privadas y oficinas de gobierno dedicadas al análisis de tendencias estudian qué se espera para dentro de veinte a treinta años en varios dominios diferentes. Los más importantes son las tecnologías de la comunicación, los alimentos, la energía, el medio ambiente, la medicina, el transporte, el *hardware* y el *software*, entre otros. Así pudo conocerse con antelación el automóvil híbrido, la posibilidad de la tercera dimensión en la televisión, y se espera que para el año 2017 ya existan energías alternativas y la clonación de órganos humanos.

Todo esto puede ocurrir por una interpretación lineal de algo que se inicia en un pasado conocido y se extiende hasta el presente. Por ende, seguirá así en el futuro…

Construir el futuro

Gastón Berger, que habló de prospectiva, Bertrand de Jouvenel (1960), quien acuñó la palabra "futuribles" para referirse a "futuros posibles" y Michel Godet (1948), que desarrolló un modelo matemático, crearon una escuela conocida como "voluntarista", consolidando esta corriente más romántica generada por los franceses. Godet dice que la prospectiva no tendría sentido sino es para orientar la acción. En 1960, Bertrand de Jouvenel fundó una sociedad llamada Futuribles cuyo comité internacional reunía a unos veinte intelectuales de diferentes países (Francia, Inglaterra, Japón, India, Estados Unidos, entre otros) alrededor de varias disciplinas (política, economía, sociología, tecnología, etc.). Publicaron unos cincuenta ensayos y organizaron una serie de conferencias.

El futuro tiene un componente trascendental que es la *libertad* para crearlo. "El futuro no se prevé sino que se construye", decía Maurice Blondel, y en él se apoyó (2004) para hablar de construir el futuro. Sin embargo, si este solo fuera personal, chocaría muchas veces con la realización del futuro de otros. Por ello el porvenir debe incluir un componente común con el que todos se beneficien en lugar de ir en pos de sus propios ideales.

En este modelo voluntarista, el ser humano elige el futuro y si se hace cargo de uno que implique a muchos, se transforma en un sujeto que influye en lo social. Esta influencia se relaciona con su capacidad de acción, el poder que puede ejercer.

Godet distingue la perspectiva preactiva y la proactiva. La actitud preactiva implica la anticipación frente a los cambios, y la actitud proactiva busca provocar los cambios en vez de esperar los sucesos para reaccionar.

El futuro se puede explorar o construir

El futuro explorable está conformado por los futuros posibles o "futuribles". Es el terreno de la anticipación, es decir, de aquello que podría ocurrir dentro del ámbito de la conjetura que es el mundo de lo imaginario. Excluye la fantasía, porque esta última nos aleja de la realidad. Es, en consecuencia, el territorio de la verosimilitud en donde se puede contemplar aquello que no ha ocurrido pero que podría ocurrir.

Dentro de la forma en que se evalúa la posibilidad, se pueden encontrar futuros probables, más cercanos a lo que consideramos nuestra capacidad de acción.

Como los futuros provienen de la imaginación, no alcanza con solo imaginarlos, es necesario que haya personas dispuestas a involucrarse en hacerlos realidad. Hay gente que hará uso de su poder para construirlos. Como ejemplo se ofrece la influencia cada vez más importante de las organizaciones no gubernamentales en el mundo. Ello se debe a que estas han asumido la responsabilidad por cambios que afectan a la sociedad civil y que esta reclama, y de los cuales los gobiernos suelen hacer caso omiso, o les prestan menor atención de la requerida. Los derechos humanos, la ecología, algunos temas de salud son ejemplos llamativos de cómo la misma sociedad se ha hecho cargo de crear un futuro diferente para el mundo en el que vivimos.

Para el primer enfoque (sistema de pronóstico o *fore-casting*), la realidad es lineal y permite pronosticar. No da lugar a grandes cambios; más bien propone evoluciones de lo que hoy está sucediendo. Mientras que para el segundo (la prospectiva), la realidad puede ser leída como un sistema de alta complejidad, que da origen a nuevas inferencias, fomenta la creatividad y puede usarse para generar realidades nuevas.

Si se observa todo lo que este segundo enfoque es capaz de influir en la construcción de ese futuro, se intuirán algunas pistas que pueden llevarnos a una elaboración un poco más certera. Para ello es necesario aplicar el pensamiento estratégico y el de largo plazo.

Es fundamental observar el cambio como la norma y su aceleración año tras año. Los seres humanos solemos resistirnos al cambio y aferrarnos a lo que sabemos, y nos relacionamos con el tiempo considerando como lapso cada día que pasa. Una mirada más holística nos revelaría una realidad distinta: el mundo es diferente de como era hace diez años. En muchos aspectos, ni siquiera es parecido. Pensar en la velocidad del cambio significa que hay gente que crea en forma constante nuevas maneras de observar: esas que permiten que aparezcan otras cosas.

En las últimas décadas, el movimiento anticipatorio respecto del futuro ha sido un tema de interés para los científicos, con la intención de hacer más probable el futuro deseado. La prospectiva trabaja y estudia el futuro con una actitud mental de interés en el porvenir, y resulta clave considerarla dentro de la planificación.

Se apoya en tres grandes dominios: utiliza la visión a largo plazo, mayor a ocho años, lo que permite pensar con más claridad en el "adónde vamos", qué futuro elegimos, y el "cómo llegar" es tema del diseño estratégico. En consecuencia, el corto plazo se utiliza para encontrar la mejor forma, el camino más adecuado para llegar a la meta prevista.

La mirada a corto plazo también lleva a considerar el carácter cíclico de algunos hechos del pasado establecidos como verdades, en lugar de interpretarlos a través de la relación que tenemos con lo que ya sabemos. La historia no es cíclica. Somos nosotros quienes la hacemos cíclica al repetir decisiones, acciones, maneras de mirar. La historia no es más que el cuento resultante de las propias acciones y reacciones frente a lo que conocemos y a lo que no conocemos.

Pensar en el futuro a largo plazo también ayuda a cambiar la relación con el presente, porque cuando así lo hacemos, podemos imaginar el presente y usarlo para tomar ahora las decisiones que se requieren para generar ese futuro. Si comparamos dónde estamos hoy respecto del futuro elegido, podemos corregir acciones en forma permanente para acercarnos a él cada vez más. Por ello, la planeación se realiza más en función del futuro, que del presente y del pasado.

Si miráramos el porvenir desde la prospectiva, veríamos aparecer varios futuros delante de nosotros. El más sencillo es el *tendencial,* diversos futuros influidos por la lógica, por el sentido común o las situaciones que ocurren; puede aparecer el futuro *utópico,* en el cual todo coincidirá con nuestros sueños; o el *catastrófico.* Por último, se conforma el mejor de los futuros posibles: el *futurible.* Ante la imposibilidad de lograr la utopía, existe algo mejor que la simple proyección, que la lógica y la catástrofe, que nos permite alejarnos de esta última y acercarnos al futuro utópico. También nos lleva a construir el futurible, que es aquel que creemos posible; si pensamos así, allí ponemos la posibilidad, confiaremos en su construcción... y lo haremos realidad.

Algunos indicadores que pueden considerarse incluyen los grandes cambios que ocurrirán en el futuro y el ejemplo más característico lo encontramos en la tecnología. No incluir estos cambios posibles en la planeación es dejar de considerar un elemento trascendental. También es necesario que tomemos en cuenta los cambios sociales, económicos, políticos, ambientales. Estos tipos de indicadores dan una visión más holística y, dentro de ellos, encontraremos algunos más impactantes para nuestro tema que otros.

La base de este planteamiento está puesta en el porvenir y parte de su fundamentación es que, en ese futuro, la constante es el cambio. La atención al cambio de las reglas de juego nos ayuda a comprender que lo que funcionó o funciona hasta estos momentos no tiene por qué seguir haciéndolo. La invención de estos futuros trae aparejados ejercicios de creatividad e imaginación.

Como Michio Kaku (2012), podemos imaginar el futuro a través del conocimiento de los avances de la ciencia: desde que existe una humanidad con capacidad de análisis, ha habido personas dedicadas a investigar y aprender. A esos progresos se acercaron los grandes futurólogos del pasado. En el pasado y, en especial, hoy en día, la ciencia ha avanzado y sigue avanzando a grandes pasos, y la física ha abierto tres rutas esenciales para conocer las leyes de la naturaleza:

- la *fuerza de la gravedad y la mecánica* que describió Isaac Newton;

- la *fuerza electromecánica*, que explicaron Faraday y Edison entre otros, y que nos permite aplicar estos conocimientos en el mundo contemporáneo;

- la *fuerza nuclear*, en la que aparecen la fuerza débil y la fuerza fuerte.

La primera de las fuerzas, la mecánica, hoy se explica por la teoría de la relatividad de Einstein, y las otras dos a través de la física cuántica que nos ha abierto la puerta del mundo subatómico. Asimismo, el descubrimiento de la composición del ADN ha cambiado y revolucionado el campo de la medicina.

Según Kaku, las bases están dadas para poder imaginar el mundo al menos cien años más adelante. "Seremos los semidioses que admiraban nuestros antepasados", dijo, viajamos en autos que flotan en el aire, hacemos viajes interestelares, vivimos vidas sumamente largas, transformamos una cosa en otra con el poder de la nanotecnología. Vamos de camino a vivir en una sociedad planetaria en solo cien años.

Esto lo trae la ciencia, de la mano de los científicos que investigan. Se requiere que aunemos esfuerzos, que seamos plásticos en la capacidad y que creemos la cultura necesaria para poder vivir en este mundo, para que sea posible. Si no lo hacemos, volveremos a la interpretación de pequeños mundos divididos, con intereses diferentes que aún pelean por subsistir en muchos lugares. En otros sitios, se comprueba en todos los ámbitos de la vida la tendencia hacia esta sociedad, llamada de tipo 1; Michio Kaku ha dicho que "estamos en un proceso de transición desde una civilización 0 hacia una civilización 1, cuando seamos capaces de extraer toda la energía disponible de la Tierra, y esto sucederá dentro de cien años, si las fuerzas retrógradas y fanáticas no lo impiden".

Este mundo futuro no viene a nosotros porque sea nuestro destino. Es el posible, el que podemos construir. Si no sucede es porque las acciones, las decisiones, el modelo, nos llevan hacia otro lado. No solo los científicos o los teóricos pueden hacerse cargo de la creación; para que tenga la oportunidad de aparecer es preciso crear una cultura de aceptación de este mundo del porvenir. Es el momento, entonces, de construir para la paz, para la declaración de la hermandad y la aceptación de las diferencias. Para crear desde la confianza y el aprender.

Por eso es importante la inclusión de otros en la visión que creemos. Las decisiones, si provienen de la toma de conciencia de muchas personas más que de un fenómeno comunicacional de la voluntad y decisión de una, harán que sean muchos los que, como en una orquesta, toquen juntos, creen juntos, decidan, desde el lugar adonde ir más que desde el pasado, de las certezas y de "lo que está bien". Cuando la visión es común, las acciones para su construcción ocurren en forma natural y adquieren la fuerza y la pasión de aquellos que se ven en ese futuro, que lo ven posible y que se divierten haciéndolo.

Mientras el futuro sea objeto de discusión infructuosa, mientras en los equipos la gente no haya elegido un futuro común, las discusiones seguirán siendo sobre a dónde ir, qué camino seguir, quién tiene razón, mostrar cuánto sabe cada uno; todas esas discusiones detienen la posibilidad y, en consecuencia, la acción. En esos momentos, el camino para ponerse en movimiento pasa por volver a crear posibilidad, mirar juntos desde allí.

Por otro lado, una mirada más sistémica permitiría observar los hechos y generar conexiones que nos acercarían a una mejor aproximación al futuro. Nuestra manera lineal de observar genera muchos puntos ciegos porque no trazamos relaciones entre los hechos. La forma de contar la historia es un ejemplo de ello. Solo cuando los hechos han pasado podemos comenzar a ver la interrelación que hubo entre ellos y el desenlace hasta parece lógico.

Los futuros posibles incluyen todo: lo bueno y lo malo, lo probable y lo improbable que puedan ocurrir en el futuro. Los futuros probables tienen más posibilidad de ocurrir si están basados en las tendencias o en los desarrollos que se realizan para ese futuro. Los preferibles, o preferidos, son los que más nos gustaría que ocurrieran. Por eso el objetivo es hacer que los futuros deseables o preferidos sean más probables. Para ello es necesario que generemos acciones que los traigan a la existencia, elijamos los valores sobre los que se asentarán y definamos los recursos que habrá que comprometer para lograrlos.

También es importante que pensemos en el tipo de impacto que ese futuro tendrá en la vida de la gente y a cuántas personas alcanzará. Ser conscientes de ese impacto puede generar una diferencia. Todas las decisiones crean futuro, aun las que consideramos de poco peso. Algunas, porque rompen con el patrón, generarán futuros diferentes. No cabe esperar que las mismas decisiones de siempre hagan posible un futuro diferente. Tomar conciencia de esto nos permitirá medir las consecuencias y estar atentos a lo que queremos lograr más que en sentirnos seguros de que lo decidido "está bien".

En la evolución de la interpretación del liderazgo, hemos llegado a la feliz conclusión de que nadie nace líder y, en consecuencia, todos podemos serlo.

Cuando creemos en nosotros mismos, confiamos en que somos capaces de enfrentar las dificultades y elegimos desde la libertad, construimos desde el poder. Podemos declararnos responsables de nuestros actos y estos crearán el futuro buscado; si no sucede así, cambiaremos el rumbo. Nuestras acciones, nuestras decisiones, las de todos, están creando el futuro que viviremos y siempre tenemos la capacidad de elegir ese mundo en el que queremos vivir. Si fuéramos conscientes de esto, si en las decisiones prevalecieran nuestros valores y no nuestras viejas certezas, con seguridad seríamos más responsables del mundo que habitamos, que habitaremos y que dejaremos para las futuras generaciones.

El hecho de no creernos poderosos en la generación de ese futuro lleva a tomar decisiones para el corto plazo que buscan el beneficio personal o de unos pocos en desmedro de los demás; en ese caso nos comportamos como nuestros antecesores primitivos, apelando a las emociones más elementales para destruir a quienes nos molestan. Cuanto mayor sea nuestra capacidad y responsabilidad respecto del futuro, mejor sublimaremos los instintos primitivos de cazadores y recolectores que todos y cada uno llevamos aprendidos, en mayor o menor medida, de nuestros ancestros de épocas muy remotas. Todos podemos hacer una diferencia. De hecho la hacemos, hacia un lado o hacia otro, con nuestras decisiones y nuestros actos. Pensar que no creamos cultura y que no creamos futuro con ella es una manera más de engañarnos. Por eso es importante que reconozcamos los valores y las visiones positivas que nos inspiran.

El futuro no es personal. Querámoslo o no, vivimos interrelacionados. Nuestras acciones crean conexiones. Al mirar el futuro siempre estamos frente al constante dilema que se plantea entre el conocimiento y el deseo.

El escenario de cada uno de los múltiples futuros posibles puede ser influido por muchas variables: la demografía actual y la esperada para dentro de veinticinco años, la economía, la política, el medio ambiente, lo social, los cambios en las expectativas del consumidor… Las tendencias y su análisis son herramientas que nos permiten imaginar futuros posibles. No son verdades indiscutibles; sin embargo, marcan direcciones y posibilidades de cambio. Es innegable, por ejemplo, que las poblaciones de los países más desarrollados están envejeciendo porque, en ellas, disminuye la natalidad.

La globalización e Internet van de la mano en la generación de nuevos negocios, de acercamientos culturales, entre otras cosas. El conocimiento de múltiples culturas está aquí. ¿Cómo utilizaremos esta información en la construcción de nuestro futuro? ¿Esperaremos a que llegue?

No es suficiente leer tendencias para poder imaginar futuros posibles. Analizar con cuidado aquellas que pueden tener un fuerte impacto en nosotros como humanidad, en las comunidades, en el trabajo y en la vida misma, permite inclusive ver aquello que hasta aquí no estábamos observando con la debida atención. Si, además, dedicamos tiempo a examinar los temas emergentes, las contingencias, podremos generar mejores perspectivas de futuro. En general las contingencias son hechos que sería raro o difícil que ocurrieran, pero que si sucedieran, tendrían consecuencias nefastas y dramáticas. Muchas veces, son imposibles de prever. Estas contingencias, nos llevan a cuestionarnos el presente desde el punto de vista de la seguridad, con el que en general miramos al creer que nada tiene una razón por la cual cambiar.

El análisis de tendencias permite previsiones basadas en parámetros cuantificables. Requiere de datos históricos y consistentes en períodos largos, y es vulnerable a rupturas bruscas y discontinuidades. Para operar con cierto nivel de certeza con tendencias, hay que buscar que cumplan con algunas condiciones: verificar que el comportamiento de la variable tiene alguna forma en el tiempo, conocer algunos de sus atributos y datos iniciales.

El estudio de futuros es la mejor forma de hacernos preguntas sobre el hoy. Así, no solo pensaremos de un modo diferente sino que estaremos siendo diferentes en nuestra manera de relacionarnos con el porvenir y el presente.

Un estudio ha demostrado que las empresas con más de cien años de presencia en el mercado tienen en común la aceptación de ideas "fuera de la caja". Estas surgieron de la gente que está en la empresa; no se puede encargar a un tercero que diseñe futuros para nosotros. La relación entre imaginarlos, comprometernos y crearlos es directa. No podemos crear aquello con lo que no tengamos relación ni podamos observar con los ojos de nuestra imaginación o percibir desde nuestra visión.

Cuanto más diferentes sean las personas que construyen estos futuros, cuanto más se consideren las diferencias
culturales, más elementos habrá para acercarse a crear
un mundo que permita no solo el éxito sino, además, ser
felices en él.

En general, lo primero que se logra es el futuro probable:
el que, dadas las condiciones actuales y las tendencias, tiene
más probabilidades de ser construido. Con un poco más
de trabajo, comienzan a evaluarse futuros posibles: todos
aquellos que podrían llegar a suceder. Luego viene el futuro
plausible, el que soñamos, queremos: aquel que diseñemos en
detalle y en el cual estén involucradas, pensando en él, la mayor cantidad de personas. En esas condiciones, la posibilidad
de construirlo es mucho mayor. Algunos autores agregan el
futuro intuido, el que viene de nuestras entrañas, de nuestras
elecciones y expectativas, de nuestras relaciones con otros.
A veces se confunde este porvenir con el elegido por Dios…
o los dioses, o las fuerzas del karma u otras explicaciones.

El futuro es producto del aprendizaje, de nuestras maneras de mirar al mundo, a los otros, y lo creamos de la mano
con otros, evolucionando juntos.

Otra forma de acercarnos al futuro es imaginar futuros
en forma arquetípica:

• El futuro que esperamos que suceda.

• El mejor futuro que podría suceder.

• El peor futuro que podría suceder.

• El futuro catastrófico.

Tal vez este último sea aquel en el que ni queremos pensar, para no atraerlo. Si no pensamos en él, sin embargo,
desaprovechamos una gran parte del ejercicio de diseñar

futuro y capacidad estratégica. Un terremoto, un maremoto, un accidente natural, un accidente tecnológico, una crisis económica mundial o una guerra darán información sobre el futuro y, con seguridad, incidirán en la manera de planear el elegido. Cuando diseñamos futuro, usar un tiempo para imaginar futuros catastróficos posibles nos aporta una información valiosa, nos entrena en una estrategia y nos da ideas que, lejos de ser reactivas, provienen de un momento de tranquilidad y capacidad para pensar con menos carga emocional.

Tenemos una clara tendencia a ver más orden del que realmente hay: buscamos seguridad y miramos todo lo que nos rodea desde ese lugar. En general pensamos de manera lineal y apoyados en lo que ya conocemos. Eso hace que nos sorprendamos cuando el mundo, de un momento para el otro, deja de ser como lo habíamos visto. A esas circunstancias las llamamos "crisis" y las vivimos como tal, hacemos un gran esfuerzo por tratar de devolver las cosas al mundo conocido en vez de preguntarnos: "¿Qué cambió? ¿Cómo es este nuevo mundo? ¿Cómo se juega este juego? ¿Cómo se gana aquí?". Hace no muchos años, el modelo cambiaba después de períodos mucho más largos. Las generaciones cambiaban, y con ellas sus puntos de vista, cada veinte o treinta años. La brecha se ha ido acortando. Hoy el cambio es la regla. Pensar de manera lineal lleva a historias demasiado simples y, sobre todo, a perder información valiosa que está disponible. Para pensar en futuro conviene aplicar el pensamiento complejo, en el cual se ponen a jugar diversas variables al mismo tiempo.

Sobre este tema no podemos obviar a Nassim Nicholas Taleb (2008), autor de *El cisne negro*, en el que presenta su teoría de los cisnes negros para ilustrar el modo en que la mayoría de nosotros cae en la trampa de pasar por alto las anomalías, con el fin de conservar la uniformidad (fuente de seguridad) de cualquier modelo mental o teoría o de explicarlas retrospectivamente. Entre los temas tratados están la falacia narrativa, los pronósticos falsos y cómo entablar amistad con los cisnes negros.

El cisne negro fue una metáfora utilizada por Décimo Junio Juvenal, poeta del siglo I d.C. [60-128, estimado]. Su expresión latina, *rara avis in terris nigroque simillima cygno*, se traduce señalando que hay cosas raras parecidas al cisne negro. En la época de Juvenal, "cisne negro" significaba algo imposible, pues se desconocía la existencia de esta especie, y con esta denominación se expresaba la equivalencia entre lo raro (diferente) y lo imposible; la expresión latina siguió usándose incluso varios siglos después, cuando su significado dio lugar a la idea de que un hallazgo concebido como algo imposible en su momento podía ser comprobado más tarde. Esta fragilidad paradigmática nos caracteriza como humanos que observamos desde lo que conocemos.

Muy cerca del año 1700, una expedición holandesa descubrió en Australia a los cisnes negros. Por lo que Taleb usa esta analogía para expresar cómo sucesos o hallazgos inesperados y disruptivos respecto de la dirección anterior de los eventos (los eventos del cisne negro) han cambiado la historia de la humanidad. A ellos corresponden, por ejemplo, Internet, la computadora personal, los ataques del 11 de setiembre de 2001, entre otros. En momentos anteriores de la historia, la revolución industrial, la máquina de vapor, la aparición de la rueda, la televisión, las máquinas voladoras, el teléfono son ejemplos de disrupciones con lo que había, que generaron un cambio rotundo en la forma en la que fluía el mundo. La sorpresa, la desproporción de su efecto, la baja probabilidad de que ocurrieran y de ser imaginados antes son sus características. Estas ideas son producidas por personas que, en algún momento, se atreven a pensar fuera de los criterios convencionales para su época, de lo que hasta ese momento se había pensado, y el cambio genera evolución y complejidad.

El afán por la seguridad nos hace olvidar lo aleatorio de la vida, la incertidumbre como compañera de camino y la complejidad. Estamos profundamente influenciados por Platón y por la teoría estructurada, olvidando que esa mirada es producto del observador que somos, dejando de lado la complejidad y el caos como partes de esa "Realidad" –con mayúscula– en la que habitamos y que no podemos conocer en su totalidad.

En la construcción del futuro es fundamental tomar en cuenta todos estos ingredientes.

Pensar que hay muchos futuros posibles nos ubica en una posición de poder, de elección y de posibilidad. Es el ejercicio que ha acelerado el cambio en la humanidad. Hagámonos cargo cada uno de nosotros, haciéndonos responsables de que está en nuestras manos: en las de todos. Recordemos que cada una de nuestras decisiones y acciones crea futuro y, en consecuencia, cuidemos que sean coherentes con lo que queremos crear.

La prospectiva nos permite observar cuatro dominios diferentes a partir de los cuales vislumbrar posibles futuros. El primero corresponde a la definición y análisis de las *variables* que influyen o podrían influir en el tema: qué aspectos es imprescindible considerar. El segundo dominio tiene que ver con los *escenarios*, que nos permiten imaginar los futuros posibles. El tercero corresponde a quiénes son las *personas* involucradas o afectadas por este futuro, su comportamiento, sus necesidades y sus deseos. Por último, el cuarto dominio se refiere a las *estrategias*, los *planes* y las *acciones* que debemos implementar en el presente para acercarnos al porvenir elegido.

El tiempo nos permite el conocimiento de los hechos. El pasado nos narra los cuentos que recuerda nuestra memoria. El futuro nos lleva a la incertidumbre. El presente es el único momento que podemos vivir y hablar mientras sucede, pero es tan breve que, para algunos, es un hiperplano de espacio-tiempo; para otros es una duración. Se lo pone en contraste con el pasado y el futuro. Otros hablan de la experiencia directa del ser en ese momento, definiendo "aquí", como el lugar en donde estoy, y "ahora" como el momento en el que estoy siendo.

CAPÍTULO 8

EL FUTURO ES TIEMPO O ESPACIO

El tiempo no tiene tiempo para calcular
el tiempo.

MARTIN HEIDEGGER

En "La última pregunta", un maravilloso cuento sobre el futuro, Isaac Asimov (1956) narra la siguiente historia.

La última pregunta se hizo en el año 2061, un tanto en broma y por primera vez. Fue parte de un juego… Dos compañeros trabajaban juntos con una Multivac, una gran computadora. Tanta era la información cargada que estaban totalmente superados por ella. La máquina se corregía y se ajustaba sola. Ya nadie podía intervenir siquiera en ello. El trabajo de ellos era alimentarla con más información; solo podían trabajar con lo que la máquina arrojaba y fundamentalmente tenían el orgullo de ser parte del éxito.

La máquina había permitido volar a la Luna y a varios planetas. Las naves usaban carbón y uranio en grandes cantidades y la Tierra no podía suplir las necesidades. Se almacenaba la energía solar, que era usada por todo el planeta… Sin embargo, Multivac ya sabía lo suficiente y, ese día de 2061, lo que era teoría se hizo realidad. Se dejó de quemar carbón, de fisionar uranio, y toda la Tierra funcionó con energía solar.

Los dos amigos estaban felices: tomándose un trago en los sótanos, cerca de donde estaba la Multivac, descansando después de su proeza, compartían tiempo de felicidad y plenitud.

Siete días no habían alcanzado para empañar la gloria del acontecimiento y Adell y Lupov, finalmente, lograron escapar de la celebración pública, para refugiarse donde nadie pensaría en buscarlos: en las desiertas cámaras subterráneas, donde se veían partes del poderoso cuerpo enterrado de Multivac. Sin asistentes, ociosa, clasificando datos con clicks satisfechos y perezosos, Multivac también se había ganado sus vacaciones; los asistentes la respetaban y, en principio, no tenían intención de perturbarla.

Se habían llevado una botella y su ocupación central en ese momento era relajarse y disfrutar de la bebida. Uno de los técnicos imaginó el futuro después de la hazaña: "No habrá manera de agotar esta energía que, además, es gratis". Para siempre, energía gratis... El otro, no tan seguro, le respondió que no era para siempre. Duraría hasta que se apagara el Sol.

El amigo le dijo que faltaban veinte mil millones de años para que el Sol se apagara y que eso se parecía a "para siempre", pero el científico exigente le replicó que veinte mil millones no es lo mismo que para siempre... Aunque también nos superarán como humanos el carbón y el uranio. La Multivac había hecho un gran trabajo.

Entonces sacaron la cuenta de cuántas estrellas estarían muertas para cuando se apagara el Sol... Hablaron de entropía, la fuerza que haría que se extinguiera todo en algún momento. "Entonces", dijo el científico más riguroso, "no existe el 'para siempre' del que hablabas..."

Discutiendo, entre cansados y borrachos, se plantearon si no era mejor hacer la pregunta a Multivac. Redactarla les llevó unos minutos y quedó más o menos así: "¿Podrá la humanidad algún día, sin el gasto neto de energía, devolver al Sol toda su juventud aun después de que haya muerto de viejo?".

La máquina pareció enmudecer, dormirse. Cuando ya estaban pensando mal de la máquina, esta se activó y escribió: "Datos insuficientes para una respuesta esclarecedora".

A la mañana siguiente, los dos científicos, con dolor de cabeza y la boca pastosa, habían olvidado el incidente.

Tiempo después, una familia formada por los padres y tres hermanos, dos niñas y un varón, se sorprendió cuando, viajando en una nave por el hiperespacio, observó cuál sería su nuevo destino: X-23. La máquina que los llevaba era una Microvac. La familia, que no tenía otra cosa que hacer que esperar la llegada a destino, estaba feliz. Con cierta nostalgia, una de las niñas recordaba la Tierra y se preguntaba por el nuevo planeta que les serviría de hogar. Su hermano le había contado que allí ya estaban viviendo un millón de humanos y que, tal vez, los bisnietos de ellos deberían buscar algún otro lugar para vivir, porque este planeta también estaría superpoblado.

Ellos estaban orgullosos de tener una Microvac propia. Miles de años atrás, las máquinas ocupaban muchísimo espacio... y después había llegado el momento del gran progreso: contar con válvulas moleculares en vez de transistores, lo que permitía ubicar la computadora dentro de las naves y desplazarse sin límites.

152

La niña soñaba en voz alta con miles de planetas habitados por numerosas personas que emigraban… "Eso sería para siempre", dijo. "Para siempre no", le respondió su hermano. "Algún día todo terminará. Aunque sea dentro de billones de años; ocurrirá cuando aumente la entropía." Entonces, la niña le preguntó al padre qué era la entropía.

El padre le contestó que la palabra significaba la cantidad de desgaste del universo y que este se desgasta tanto como lo hacía su juguete.

La niña reaccionó preguntando si no se le podía cambiar la unidad de energía, como lo hacían con su juguete. El padre le explicó que las estrellas eran unidades de energía, por lo que cuando se apagaran sería porque se habían agotado.

—No dejes que suceda, papá. No permitas que las estrellas se extingan.

La niña se puso a llorar y su hermana también estaba al borde de las lágrimas cuando la madre, buscando la paz, le sugirió al padre que le preguntaran a la Microvac por el destino de las estrellas, si se podría volver a darles energía cuando se les agotara.

Como la máquina tardaba bastante en contestar, se fueron a dormir y al levantarse, la respuesta estaba escrita: "Datos insuficientes para una respuesta esclarecedora". Como ya estaban por llegar a X-23, decidieron que no tenía mayor importancia.

VJ-23X de Lameth miró las negras profundidades del mapa tridimensional en pequeña escala de la galaxia y le dijo al joven que parecía su hermano —eran hermosos y perfectos—:

—¿No será una ridiculez que nos preocupe tanto la cuestión?

El otro sacudió la cabeza:

—La galaxia estará llena en cinco años, si seguimos como vamos.

Se resistía a presentar un informe que pudiera traer tan malas noticias. ¡Hay tantas galaxias! Cien billones no es infinito y cada vez lo es menos. Ya han pasado veinte mil años desde que los hombres aprendieron a utilizar la energía estelar y después de eso comenzaron los viajes multiestelares que llevaron al hombre a vivir en tantos planetas de la galaxia. Ahora había que buscar en los billones de galaxias disponibles.

VX-23X le contestó que eso se debía a la inmortalidad. Y agregó:

—Pero evitar la muerte y la vejez nos ha traído otros problemas.

Discutían sobre sus edades: uno tenía doscientos veintitrés y el otro, doscientos diez años. El problema era que la población se duplicaba cada diez años. Habremos llenado varios planetas en cincuenta años. En cien, más de mil galaxias. En mil años, un millón de ellas…. Y entonces, ¿qué?

—También existe el problema del transporte. ¿Imaginas la cantidad de unidades de energía solar que se requerirán para trasladar galaxias

de individuos de una galaxia a la otra? La humanidad es tan grande en número que consume varias unidades de energía solar por año y mucha de esta se desperdicia.

—Acuerdo –le dijo el otro–. Sin embargo, aun haciendo un uso eficiente, las necesidades seguirán creciendo de manera exponencial y nos quedaremos sin energía muy rápido.

—La solución será construir nuevas estrellas con gas interestelar o con calor disipado. Y... ¿si pudiéramos revertir la entropía? ¿Por qué no se lo preguntamos a nuestra AC Galáctica?

La sacó de su bolsillo. Medía solo 5 cm cúbicos... De repente, MQ-17J preguntó a su interfaz AC:

—¿Es posible revertir la entropía?

Nuevamente pasó un rato largo. Luego apareció la respuesta: "Datos insuficientes para una respuesta esclarecedora".

La mente de Zee Prime se detuvo a observar una nueva galaxia que no conocía. Se preguntaba si podría llegar a conocerlas a todas. Cada una con una carga de humanidad, un peso muerto. Era más fácil encontrar la humanidad en las mentes que en los cuerpos. Estos permanecían en los planetas suspendidos sobre eones. Muy rara vez esos cuerpos despertaban a una actividad material. Ya casi no había lugar en el universo para nuevos individuos.

Zee Prime se encontró con otra mente por allí. Le preguntó a qué galaxia pertenecía.

—A Galaxia –le dijo. Claro, ¡todas se llamaban solo Galaxia! Todas eran iguales.

Jugando se les ocurrió pensar en qué galaxia se habría originado el hombre. Se conectaron con su máquina que tenía todas las respuestas. La máquina informó que era un globo brillante, de 60 cm de diámetro, muy difícil de ver.

—No puede ser –dijo Zee Prime–. Tendrán que haber sido muchos sus habitantes.

La máquina le explicó que la mayoría de ellos estaba en el hiperespacio. No podían imaginarlo. Le preguntó entonces cómo había sido la máquina original que había permitido este desarrollo. La máquina solo podía decir que había habido muchísimos modelos. Que cada máquina diseñaba a su sucesora y la dejaba construida. Cada una podía durar un millón de años.

De repente, la máquina le mostró la galaxia original del hombre. Era tan pequeña que desilusionaba. La máquina contestó que se había convertido en nova. Y que era una pequeña estrella blanca enana.

Zee Prime preguntó por el destino de sus habitantes.

—¿Están muertos? –quiso saber.

La máquina contestó que se había construido un nuevo tiempo para los cuerpos físicos. Allí se dio cuenta de que las estrellas estaban muriendo… y nuevamente se preguntó cuál sería el destino si las estrellas morían.

Mejor preguntarle a la máquina cómo revertir el proceso de la entropía. La máquina contestó: "Todavía hay datos insuficientes para una respuesta esclarecedora".

Él era uno solo, mentalmente, y estaba conformado por un trillón de trillones de cuerpos sin edad, cada uno en su lugar, cada uno descansando, tranquilo e incorruptible, cada uno cuidado por autómatas perfectos, igualmente incorruptibles, mientras las mentes de todos los cuerpos se fusionaban libremente entre sí, sin distinción.

El hombre dijo:

—El universo está muriendo.

Reconoció las estrellas muertas, las galaxias agotadas y vio la oscuridad de un pasado distante. Las estrellas enanas se morían. Algunas estrellas se habían formado desde el polvo y otras habían sido inventadas por el hombre. Aún había energía para billones de años, pero se iba a agotar… La entropía aumentaba sin cesar.

El hombre se preguntó si se podría invertir la tendencia de la entropía. Decidió preguntárselo a la máquina. Esta estaba hecha de algo que no era materia, ni energía. Estaba en el espacio. Ya no había pregunta sobre su tamaño o su naturaleza.

—AC Cósmica –preguntó el hombre–, ¿cómo puede revertirse la entropía?

La máquina contestó: "Los datos son todavía insuficientes para una respuesta esclarecedora". Entonces el hombre le pidió que buscara información adicional.

La máquina le contestó que hacía millones de años que le preguntaban lo mismo. Que contestaría cuando tuviera información suficiente. La máquina le informó que no existía problema insoluble en las circunstancias concebibles.

—Pero ¿cuándo los tendrás? –preguntó el hombre.

—Los datos son todavía insuficientes para una respuesta esclarecedora –contestó la máquina.

Tres trillones de años después, las estrellas y las galaxias estaban muertas. Eran polvo. El hombre se había fusionado con la AC. No había identidad mental. No era una pérdida, sino una ganancia.

La última mente que quedaba antes de fusionarse miraba los restos de la última estrella oscura y veía que se apagaba hasta desaparecer. Entonces el hombre le preguntó a la AC:
—¿Es este el final?
La máquina contestó:
—Los datos son todavía insuficientes para una respuesta esclarecedora.
La mente se mezcló con la máquina y solo esta siguió existiendo en el hiperespacio.
La materia y la energía se agotaron, y con ellas el espacio y el tiempo. La máquina también se agotaba y solo podía contestar una pregunta más. Esa que nunca había sido respondida desde que dos jóvenes alcoholizados se la habían hecho tres trillones de años antes. El día en que la máquina pudiera contestarla, liberaría su conciencia. Ya no había más datos que recoger.
La máquina aprendió a revertir la dirección de la entropía. Pero ya no había hombre a quien darle la respuesta. La máquina se organizó y dijo:
—¡HÁGASE LA LUZ!
Y la luz se hizo...

Stephen Hawking cree que viajar en el tiempo no solo es posible, sino que quizá será la salvación de la humanidad. Para decir esto se basa en la teoría de la relatividad de Einstein y en las experiencias hechas con el acelerador de hadrones. Cuando se aceleran partículas dentro de él, el tiempo que transcurre para ellas es la sietemilésima parte de lo que se puede medir en los relojes. Él supone que cada día pasado en la nave, yendo prácticamente a la velocidad de la luz, supondrá un año en la Tierra.

En *Finite and infinite games* (Juegos finitos e infinitos), James P. Carse (1986) propone a la vida como un juego. Uno que hemos aceptado jugar y con reglas claras, aunque no lo recordemos. Una de esas reglas, que pertenecen y hacen al juego, es que sabemos cuándo este comienza, pero no cuándo termina. Otra se refiere a que el juego puede cambiar en cualquier momento y no hay quien escuche el reclamo.

Describe dos formas de jugar. Los juegos finitos se juegan con el propósito de ganar. Los juegos infinitos se juegan con el propósito de seguir jugando.

Los juegos finitos se desarrollan en un tiempo que comienza y termina. Finalizan cuando alguien ganó o cuando el tiempo preestablecido se acaba. Alguien gana cuando un tercero con autoridad lo declara o cuando los jugadores lo aceptaron de esa manera. La opinión de los espectadores importa poco y los jugadores deciden jugar: jugar por obligación no es parte de la regla; para jugar hay que elegir hacerlo. Nadie puede jugar solo; se requiere de un oponente. Los límites, fechas, lugares, reglas del juego se eligen en forma externa, antes del juego: son un contrato. Cuando un jugador entra a jugar, está aceptando las reglas que, además, no cambian durante el juego.

En los juegos infinitos, en cambio, el jugador no puede decir cuándo comenzó su juego y no parece importarle demasiado. No tiene límites de tiempo ni de espacio, ni numéricos. La intención es que nunca acabe y mantener a todos jugando. Los juegos los define en forma interna el jugador. No se rigen por el tiempo del mundo sino por el tiempo del juego.

Dentro de un juego infinito se puede jugar un juego finito. Pero la inversa no es posible. Si los jugadores ganan o pierden dentro de ese juego finito, podrán juzgar si han ganado o perdido, pero como momentos dentro del juego más grande.

Las reglas se fijan internamente y se pueden cambiar durante el juego. Se comportan como un lenguaje y sirven para que siempre siga el juego. El jugador de juegos infinitos muere dentro del juego. Y se las considera muertes con sentido porque se las ofrece como una forma de que siga el juego. Como estos juegos se juegan con otros, viven y mueren para continuar la vida de otros. No solo juegan por su propia vida, sino que viven para el juego. Nietzsche [1883-1885] (2003) definió las muertes dentro de este tipo de juego como "morir en el momento justo".

Aquí tenemos claramente diferenciadas dos maneras de vivir y de interpretar la relación con el tiempo. A los jugadores de juegos finitos, el reloj les marca la vida. Trabajan y se mueven desde preguntas al tiempo de "cuánto y cuándo"; sus sueños son ambiciones de corto plazo y cada partido perdido es vivido con una gran tristeza.

Los jugadores de juegos infinitos juegan e inventan juegos por la pasión de jugar, incluir, y miden el tiempo por la intensidad del juego, con sus propias reglas que, además, pueden cambiar. No hay fracaso posible porque la intención del juego es seguir jugando. Aquí el futuro no es solo tiempo: es un espacio inmenso donde incluir, transformar, soñar. Un espacio en el que valió la pena haber existido; donde los dolores encuentran sentido en el logro y son parte de la felicidad de estar vivo, teniendo la oportunidad de gastar cada momento de la vida, como quien consume un papel con sus ojos cuando lee, como días gastados sin arrepentirse.

Los mayas, al observar el cielo y definir las edades del hombre –la última fue El hombre de maíz–, debieron haber tenido una explicación para el fenómeno de espacio y tiempo diferente de la nuestra. Ellos no temían y les parecía natural describir el mundo con 2.400 años de adelanto.

Cuando nos relacionamos con el tiempo como algo "que nos pasa", perdemos una relación de poder con él. Cuanto más lejos queramos imaginarlo, menos poder sentiremos. A veces, parecería que el tiempo nos ocurre sin posibilidad de elección; somos finitos. Existimos en un tiempo: desde que nacemos hasta que morimos. Para los creyentes en Dios, Él es la eternidad, por lo que, al no tener acceso, se mantendría en estado de perplejidad hasta conocerlo. Si el acceso a Dios pasa por la fe, ya estaríamos discutiéndolo desde el punto de vista de la teología. Cuando abordamos el tiempo con preguntas como "cuándo" y "cuánto", ceñimos nuestra posibilidad de relación con él al hecho de responder si alcanzó, no alcanzó; si llegamos o no. Es una relación utilitaria en la que, por lo general, llegamos a la conclusión de que el tiempo que tenemos es insuficiente.

Sin embargo, cuando ese futuro es considerado como espacio, se amplía la posibilidad de creación y la ilusión hace que la relación con el tiempo que pasa sea diferente.

Cuando dejamos de interpretar el tiempo desde el "cuándo" y el "cuánto", podemos comenzar a ver que el futuro es lo que nos da tiempo, nos deja elegir el presente y relacionarnos con la vivencia del pasado. El ser-ahí que Kant describe aparece en el anticipar y con ello terminamos de medir el tiempo. Aparece un "cómo" vivir ese tiempo. Vivir en esa relación genera vivencias diferentes: estas se miden por intensidad, emociones y experiencias.

Cuando enunció la Teoría de Relatividad, Einstein también encontró nuevas maneras de considerar el tiempo: la definición de velocidad es la relación entre espacio y tiempo. Sin embargo, ese concepto surge cuando se invierte la definición de velocidad, que no siempre es la relación entre espacio y tiempo; llega un momento en el que espacio y tiempo dependen el uno del otro, para que la velocidad de la luz sea constante. Esta interdependencia es la base de la relación espacio-tiempo de la teoría de Einstein.

El espacio no puede describirse por sí mismo porque no existe como absoluto; solo podemos hacerlo por medio de lo que contiene: cuerpos, energías. El tiempo tampoco es nada en sí; podemos describirlo a partir de la secuencia de hechos que ocurren en él. No existe un tiempo absoluto, ni una simultaneidad absoluta.

Por lo tanto, no es nuevo considerar esta relación entre tiempo y espacio. Si bien hemos hablado de algunos modelos de interpretación y los describimos, ha llegado el momento de reconocer en cuál de ellos vive cada uno de nosotros. Porque cada modelo, cada relación con el tiempo y el espacio nos abre o nos cierra posibilidades.

Albert Einstein explicaba la gravedad como un efecto geométrico producido por la deformación del espacio-tiempo: ella se debe a la relación del cuerpo con la deformación producida en el espacio-tiempo. Para él, cada punto del espacio tiene su tiempo; por ello dice que no hay un tiempo absoluto y que no fluye. Quizá el paso del tiempo se deba a nuestro desplazamiento en él…

Para Immanuel Kant (2010), los conceptos de espacio y tiempo pertenecen al ámbito de la intuición o del conocimiento previo. Son, necesariamente, nociones anteriores a la de las cosas, pues el espacio –podríamos decir de una manera muy elemental– es como la tela en blanco en la que la mente va a ubicar la representación de todos los objetos del mundo exterior. Es imposible ubicar una representación de algo concreto sin un sustento que la contenga. No podemos imaginar sin que lo imaginado esté ubicado en un espacio. Sin embargo, y de manera paradójica, pertenece a nuestra vida psíquica y lo proyectamos afuera para poder dar continente a nuestras representaciones. Este modelo de imaginación del futuro nos da la libertad de expresar el porvenir como si lo pintáramos en una tela: nos permite imaginarlo como espacio. Cuando lo medimos como tiempo, cuanto más se aleje el futuro de lo controlable, más difusa es la visión que de él tenemos.

Algo similar nos ocurre con el tiempo. Es una noción que poseemos antes de ensayar el fenómeno de pensar. Sin el concepto tiempo, no podríamos establecer ningún orden secuencial. Ubicamos cada circunstancia, necesariamente, como anterior, contemporánea o posterior a otra, y no hay alternativa. Por más que nos rebelemos, el espacio y el tiempo condicionan fatalmente nuestro modo y nuestra posibilidad de pensar. Las cosas, los objetos, las personas son registrados por nosotros como ubicados en determinado momento, tal vez como consecuencia de que nuestro tiempo humano sea finito, como situados en un espacio exterior a nosotros pero que nosotros mismos proyectamos desde nuestro condicionamiento intuitivo.

Espacio y tiempo son formas de nuestra sensibilidad o intuiciones puras, y les otorgan su estructura a las cosas que conocemos. Tiempo y espacio no son propiedad de las cosas en sí; no son reales. Espacio es la forma de todos los fenómenos de nuestros sentidos: la condición subjetiva de la sensibilidad, la única forma de sensibilidad externa a la que accedemos como humanos. El espacio no es nada sin la posibilidad de la experiencia y nos sirve de soporte a las cosas en sí mismas; por lo que espacio es, para Kant, la condición subjetiva humana de la experiencia. Espacio y tiempo solo pertenecen al sujeto que conoce. Si creyéramos que son objetos, caeríamos en la sofística (apariencia de realidad, de veracidad).

Las representaciones de tiempo y espacio no pueden extraerse de la experiencia sensible. Por el contrario, son su condición de posibilidad. Con estas formas de sensibilidad descriptas, el sujeto estructura las sensaciones y proyecta todo lo conocido en espacio-tiempo (las cosas físicas en espacio-tiempo y los fenómenos psíquicos en dimensión temporal). El espacio es la forma del sentido externo que permite la representación de los objetos como existentes; y el tiempo es la forma del sentido interno que hace posible percibir los estados internos en una secuencia temporal.

Kant relaciona esta sensibilidad (tiempo-espacio) con las intuiciones puras. Dice que son "intuiciones" porque corresponden al mundo de la ilusión, descripto por Lewis (1929), y "puras" porque no tienen un origen empírico.

A Kant le resulta difícil imaginar el tiempo. Si bien es la forma del sentido interno, la intuición (ilusión) del tiempo presupone la intuición externa del espacio. Por lo que él define una relación entre la representación de los objetos y la percepción de cambios y movimientos.

El "tiempo" es una abstracción hecha desde el lenguaje y que pertenece al mundo de la "ilusión", porque no se puede ver ni tocar. Cuando imaginamos el tiempo, y cuanto más nos alejamos del que podemos imaginar con claridad, más difícil es imaginarlo. Esta manera de relacionarnos con espacio-tiempo descripta por Kant nos da una explicación de por qué nos cuesta tanto imaginar, planear para un futuro a largo plazo, y también tiene una relación con el espacio. Si no accedemos a este espacio, si no podemos imaginarlo, nos falta también un punto de apoyo para imaginar el tiempo. El espacio es la tela sobre la que se puede dibujar el tiempo...

En el cuento que inicia este capítulo, Isaac Asimov puede imaginar trillones de años a través de una misma pregunta para la que el hombre no tiene respuesta: ¿será capaz de generar o restaurar la energía del universo cuyo consumo lleva a su destrucción o agotamiento? Con una imaginación magistral, pasea al lector por trillones de años, por una evolución que lleva a que el cuerpo no sea necesario, pero mantenga una limitación: la relación con lo irreparable, el agotamiento de la energía y el deseo de ser eternos. La seguridad como base.

Asimov muestra que somos capaces de imaginar cuando buscamos más allá de lo que conocemos, cuando pintamos el futuro en vez de calcularlo.

CAPÍTULO 9

NO HAY UN FUTURO PARA UNO SOLO
O PARA UNOS POCOS

Usted debe hacer el cambio que quiere que suceda en el mundo entero.

MOHANDAS KARAMCHAND GANDHI

En 1930, Gandhi buscaba crear un sueño como posible, y sin violencia, para lograr la independencia de la India. Era un pacifista que hasta ese momento había participado en manifestaciones y huelgas de hambre. Los ingleses querían frenar esos movimientos y, usando el miedo, volver a implantar la sumisión. Más de una vez usaron la violencia de distintas maneras: tirando los caballos contra los manifestantes, a los tiros, con golpes.

Gandhi expresaba que la India estaba sojuzgada no por los ingleses, sino por la manera de ver el mundo de los indios que se sometían. Por ello organizaba actos masivos para que salieran y, acompañados por su miedo, crearan un lugar en el que puedan crecer la dignidad y su declaración de libertad.

Como no lograba que los ingleses les concedieran el dominio (aunque limitado) que les habían dado a otras colonias como Canadá y Australia, algunos miembros del partido independentista comenzaron a proponer una serie de eventos armados.

Gandhi insistía en lograr el sueño sin violencia. Esto requería que muchos indios lo sintieran posible, se empoderaran, pudieran soñarse capaces. Propuso, entonces, desobedecer al gobierno saliendo a recoger sal. Esta abundaba en el mar que recorre tres lados del país pero pagaban altos impuestos por ella, aun siendo vital para vivir y "estar allí". El miedo y la costumbre de suponer que pertenecía a los ingleses hacían que nadie la tocara.

Gandhi salió el 12 de marzo de 1930 de su ashram, en Ahmedabad al noroeste del país, con un pequeño grupo de seguidores y unos periodistas. Buscaba llegar a la costa del océano Índico, del que lo separaban 300 km. En su marcha a pie fue sumando indios que lo siguieron. Esos pocos se hicieron miles. Al llegar al mar, esa multitud lo vio entrar en ella a recoger agua con un cubo para dejarla evaporar y conseguir su sal. Podría haberse considerado un gesto poco importante. Sin embargo, otros lo siguieron e hicieron lo mismo. Comprobaron que la sal estaba allí, que no tenían por qué pagar impuestos por algo que existía de manera ilimitada y estaba al alcance de todos. Habían recuperado naturalmente el producto que años atrás habían perdido de manos inglesas. Habían recuperado la capacidad de declarar, con libertad, que algo era suyo.

La sal no solo se requería para cocinar, como parte de una necesidad de funcionamiento del organismo; también se usaba en procesos de conservación de alimentos en un país que no tenía la posibilidad de acceder a otros mecanismos de preservación. La sal unía, daba dignidad, igualaba como seres humanos los de diferentes castas; desaparecían diferencias religiosas, de pueblos y lugares. Era una necesidad común para todos.

A partir de esta escena, en muchos otros lugares de la India los ciudadanos se acercaron al mar y comenzaron a separar la sal. El gobierno británico se desesperó e hizo presos a más de 60.000 indios, acusándolos de ser ladrones de sal.

El sueño los sostenía, se dejaban arrestar. Valía la pena. Gandhi también fue preso otra vez, con ellos. El cambio estaba hecho. Los indios hindúes habían hecho propio el sueño. Impotente, el virrey liberó a los presos y aceptó la recolección de su sal. Fue el principio claro del proceso de independencia de la India.

En el relato de Viktor E. Frankl (2011) de la experiencia en los campos de concentración, conmueven sus descubrimientos sobre la conducta humana. Desde la vergüenza de estar desnudos y el miedo, pasando por la anestesia emocional frente al asco de lo desagradable: la mugre, los excrementos, los olores, la comida escasa y hedionda, la búsqueda de las más bellas imágenes en el amor que esperaba afuera. Cada uno hablaba y se emocionaba cuando recordaba a su mujer, a su marido, a sus hijos, a sus padres…

En algún momento, refiriéndose a su propio ejemplo, él no sabía si su esposa de veintitrés años estaba viva y esperándolo. Él mismo decía que el sueño introyectado de ese amor era suficiente. Luego, se trataba de mantenerse en un sueño, cerrar los ojos y soñar; cerrarlos y sentir que ya está,

164

que es posible, que ese ejercicio de visualización acerca a esa realidad. Sentarse juntos y compartir los sueños: el médico que quería seguir investigando, el que quería vivir por su familia…

Un gran número de estos prisioneros sobrevivió. Frankl concluía que sostener a la gente en sus sueños y conversar sobre ellos fue lo que los salvó. La neurosis –dijo– no es producto de la frustración sexual del niño (como decía Freud), sino de la falta de un sueño, de un lugar al cual llegar.

El deseo y la visión constituyen el primer paso para crear futuro. Es una manera de construirlo. ¿Quién, si no cada uno, puede hacerse responsable del futuro a crear para sí mismo? ¿A quién le puede afectar que cree mi propio futuro? ¿Con cuántos se comparte el sueño? ¿Cuánto se habla de él? ¿Cuántos se inspiran en él?

Alguna vez, en la historia de la humanidad, nos desviamos a pensar en nosotros mismos como centro, y desde allí comenzamos a hacernos las preguntas cuya respuesta nos apoya en esta visión que tenemos del mundo. Nuestras preguntas son planteadas desde ese paradigma, por lo que las respuestas forman parte de él. No es sencillo hacernos preguntas que nos permitan observar cómo pensamos y darnos cuenta de lo que nos hace preguntarnos aquello que nos preguntamos.

Todo el modelo dentro del cual vivimos nos lleva a la interpretación desde la soledad, lo micro, las parcialidades. La ciencia también lo ha adoptado, expresándolo en el modelo de pensamiento de los científicos. El cuerpo se separa en partes, se habla del alma como algo que no integra el cuerpo, se presenta la mente como algo diferente. Se tratan por separado el hígado, el corazón, los riñones y se generan especialidades que pierden la visión total del ser humano. Esta interpretación mecanicista y causal de la ciencia ha permitido durante algún tiempo buscar explicaciones a las que se les da el valor de verdades, casi tanto como a la observación del hecho mismo. Ha generado relaciones con las partes que no dejan abarcar el todo. Ha apoyado la idea de que se vive una vida separada de la de los demás.

Alrededor de 1937, el biólogo Ludwig von Bertalanffy, ya había regresado a los Estados Unidos con una beca de la Fundación Rockefeller, y trabajó dos años en Chicago. Lamentablemente y por razones políticas tuvo que dejar los Estados Unidos por no querer argumentar que podía ser víctima del nazismo, y dejó sembrada la teoría de los sistemas, en algunas conferencias que dio en Viena y publicó artículos sobre el tema (1950). Debido al final de la Segunda Guerra Mundial, se postpuso su publicación hasta 1969. Von Bertalanffy (1976) elaboró la Teoría General de Sistemas. Esta surgió cuando él buscaba una forma integradora de la biología que considerara más lo "orgánico" que los órganos. En esta perspectiva, el organismo podía observarse en relación con otros organismos, en intercambio complejo a través de múltiples interacciones.

Durante décadas, la psicología explicó la conducta humana con un punto de vista mecanicista, de estímulo-respuesta. La validación había sido dada a través de la investigación hecha con animales, a partir de la cual el condicionamiento, la respuesta y el aprendizaje eran extrapolados a los seres humanos (teoría conductista). Con posterioridad, a partir del siglo XX, se desarrollaron otras escuelas de interpretación más integradoras, incluida la Gestalt. La psicología de la Gestalt, surgida en Alemania en 1912 como una respuesta a la psicología conductista, fue descripta en un artículo de M. Wertheimer sobre el fenómeno "phi" o movimiento estroboscópico (2012). Allí se muestra que, cuando un sujeto percibe, su percepción aporta algo que no está presente en el estímulo.

166

La Gestalt explica cómo la mente configura, a través de ciertas leyes, lo que a ella le llega por los sentidos (percepción) o por la memoria (tanto como por la capacidad de relacionar, resolver problemas, el pensamiento). Esta percepción proveniente de nuestra experiencia de relación con el medio es primaria respecto de los elementos que la conforman y la simple suma de estos no llevaría a la comprensión del todo. De allí su famosa frase: "El todo es mayor que la suma de las partes". Por ello propone investigar no solo la forma sino el fondo de esas percepciones, para comprender que lo percibido carga mucha más información que la que llega por los sentidos.

A Fritz Perls se lo reconoce como el desarrollador del modelo de la terapia gestáltica. Toda la naturaleza, la vida misma es una Gestalt completa, que se logra a través de un movimiento y satisfaciendo la necesidad de autorregularse. Ese movimiento gestáltico se inicia con una necesidad que, luego, toma conciencia de ella y eso lleva a una excitación: le sigue un reposo y a continuación aparecerá una nueva necesidad. Este proceso se inicia con un viaje interior de reconocimiento de este desequilibrio que ha producido la necesidad, para identificarlo y procesarlo. Este viaje produce la excitación que está basada en la respuesta emocional. El reconocimiento de la necesidad hace que el ser se mueva para cubrirla. Detrás viene el descanso o reposo, hasta que una nueva necesidad se haga base de la nueva Gestalt. Los bloqueos que puedan ocurrir en este proceso son de lo que se ocupa la terapia gestáltica. Vivir solo para cumplir las expectativas, los mandatos y deseos no genera una Gestalt completa. Incluye en esto las religiones, descriptas como "crudezas inventadas por los hombres" y que deberían asumir la responsabilidad de su existencia por sí mismas.

En la relación del individuo con la sociedad se produce una confusión que cada ser humano debe resolver por sí

167

mismo para lograr la integración y permitir que la naturaleza se haga cargo de la condición de ese organismo.

Cuando alguien se siente bien, está integrado, y el sentirse mal tiene que ver con una condición de distanciamiento de sí mismo. Integrarse es reconocer que aprender es descubrir, que escuchar es comprender, y que madurar es reconocer las posibilidades reales y trabajar para alcanzarlas. En este camino, la persona se encuentra en la sociedad, que no da libertad, y que naturalmente enajena y enferma a sus integrantes imponiéndoles un modelo cultural. El camino a través de ella y con ella de una persona madura puede ser el de participar en la psicosis colectiva, al buscar ser aceptado, matar sus sueños de pertenecer o buscar sanar y lograr su plenitud.

Cuando volvamos a percibirnos como partes de un todo, podremos comprendernos en cuanto componentes de un sistema que, a su vez, se integra en otros sistemas mayores que nos influyen y a los que les seguimos el juego, o bien dándonos cuenta o bien sin saberlo.

Cada sistema trasciende las características individuales de sus miembros y genera una energía mayor que la sumatoria de las partes: los sistemas no se pueden reducir a la adición de los elementos que los constituyen. Tanto es así que un cambio en alguna parte del sistema o en un miembro afectará, en alguna medida, al sistema en su totalidad.

Asimismo, pensar que para un efecto hay una sola causa es simplificar y hacer lineal la interpretación, porque este efecto puede responder a distintas causas, o producirse concausas, y ello se debe a la interconexión y la circularidad existentes entre los miembros o componentes del sistema.

En consecuencia, el sueño personal chocará contra los sueños y expectativas de los demás, y el sistema buscará minimizarlo o frenarlo para que nada cambie. El efecto "personal", individual, destruye la posibilidad del sueño. La manera de detener un cambio es a través de fenómenos comparables con la homeostasis, que busca neutralizar lo diferente y devolver el equilibrio al sistema. Por otro lado, cuando los sistemas ya tienen un tiempo de existencia tienden a interpretarse según sus propios juicios, aumentan su entropía, se desgastan y terminan por desintegrarse.

En cambio, si se comienza a alimentar el sistema con información, se genera una nueva configuración, un nuevo orden. Por ello el *feedback* (retroalimentación) es una herramienta de útil aplicación dentro de los sistemas, tanto para lograr cambios como para mantenerlos. Los miembros de un sistema siempre están comunicando y es imposible no comunicar. No solo las palabras comunican; los gestos, las actitudes, los silencios, la ignorancia del otro transmiten mensajes (Watzlawick, Beavin y Jackson, 1997).

La distinción entre ver al ser humano como un individuo o como un ser social influye profundamente en las posibilidades de cada una de estas definiciones. El individuo considera que su límite es su piel, que lo que dice es propio, que está separado de los demás. La definición del hombre como ser social hace que se requiera compartir algo con los demás, por ejemplo un proyecto, un sueño, un para qué estamos juntos. La vida del ser social lleva a compartir y si solo se comparte el pasado, el estado de ánimo predominante provendrá del reclamo, del resentimiento. Cuando lo que une es un futuro, aparecen la posibilidad, el desafío, el crecimiento para construir algo junto con otros. La definición de "ciudadano" lleva implícito el entendimiento de lo social, del compartir, del jugar un juego con reglas, donde se declina el uso de algunos poderes (la fuerza y la violencia, por ejemplo) para que solo el Estado los use y se ajustan las libertades a las leyes que imperan. Cuando el miedo o el resentimiento hace que estos ciudadanos olviden que son seres sociales, aparecen países o ciudades con gente que se cree sola, solitaria, que busca desde la supervivencia protegerse de los demás, y su estado de ánimo no favorece el acercamiento, ni el reconocimiento propio en otros, ni mucho menos el encuentro con los sentimientos de relación y de amor por los demás.

Volvamos, entonces, al tema que nos ocupa: el futuro. En general buscamos preservar un sueño como propio y no lo compartimos hasta lograr hacerlo realidad. En esto encontramos resabios culturales, como la costumbre arraigada de pensar que si los sueños se cuentan, se pierden, se diluyen. El solo nombrarlos los desvanece.

Conrado Nalé Roxlo comienza así "Se nos ha muerto un sueño", uno de sus poemas:

> "¡Carpintero! Haz un féretro pequeño
> de madera olorosa,
> se nos ha muerto un sueño,
> algo que era entre el pájaro y la rosa. (…)"

¿Qué protegemos al querer cuidar así el sueño? No existen las mismas limitaciones cuando comunicamos certezas u opiniones. Es así porque estas últimas pertenecen a ese paradigma que habitamos y nos maneja. Jim Selman lo llamaba "la máquina en la que nos transformamos". En cambio, los sueños son una expresión de quien realmente somos. Aun cuando todavía no sean realidad.

Desde la construcción sistémica, el sueño de una sola persona irrumpe en un sistema y lo desequilibra. Por lo tanto, y por la homeostasis, el sistema buscará destruirlo y volver al equilibrio de siempre: que nada cambie. Porque si se convirtiera en realidad, afectaría de alguna manera a todos, y el sistema, tal como está hoy, podría destruirse y morir.

170

Los sueños son solo ideas, son deseo, posibilidades. Por naturaleza son inclusivos y brindan espacio para que en ellos otros puedan expresar los suyos.

Cuando los sueños se comparten, los demás se organizan en torno a una identidad y una aspiración comunes. Comienzan a moverse con el compromiso de construir ese futuro, donde habrá una nueva expresión del ser de cada uno de los miembros. Para convertir un sueño en realidad, todos los que en eso trabajen realizarán una transformación personal en algún punto: dejarán de lado creencias, aprenderán cosas nuevas, confrontarán miedos y otras emociones, tendrán más o menos claro qué quieren conservar... Y al superar esas situaciones crearán una nueva realidad. Esa nueva realidad será creada gracias al proceso de metanoia (Jung, 2009) vivido por los miembros, que han mudado de una perspectiva a otra, de una manera de observar a otra; han distinguido nuevos dominios que antes no estaban presentes para ellos. Han combinado no solo aspectos de supervivencia, sino un aprendizaje generativo que ha permitido la realización de este sueño.

Cuanto más explícito y conversado sea, cuanto más influya en la toma de decisiones de todos para que estas se concreten desde el "para qué tomaré esta decisión" en vez de hacerlo desde la historia y la explicación del "porqué", más rápida será su construcción. Peter Senge (1990), dice que una organización inteligente es aquella que aprende y que expande su capacidad en forma continua para construir su futuro, donde su gente descubre cómo crear su realidad y cómo modificarla.

En *Abrir nuevos mundos,* Fernando Flores, Charles Espinosa y Hubert Dreyfus (2000) nos ofrecen un "cómo" para generar un futuro que haga historia, porque no se permite la prolongación del pasado, y lo exponen a partir de prácticas emprendedoras de gente comprometida. Entonces, en acción solidaria, aquellos que emprenden, los ciudadanos (o sea todos nosotros somos potenciales creadores) construyen los escenarios en los cuales se escribe una nueva historia.

Ese cambio se ve reflejado afuera, en la "realidad" que observamos. Pero sucede porque algunos se atrevieron a cambiar su manera de observar y, como consecuencia, su acción fue diferente. Es una acción de valentía, curiosa, sin promesa de éxito. Estos espacios de observación de nosotros mismos, de reconocimiento de nuestros límites, de relación, que generan nuevos significados, los llamaron "espacios de apertura" (*disclosive spaces*), y permiten distinguir entre un camino a ciegas y a partir de certezas, que es en general nuestro camino por la vida, y estos instantes en que podemos hacer las grandes diferencias. Son los momentos de la humanidad manifestada por la observación y por la acción.

En las organizaciones, cuando la visión personal y la de la empresa están alineadas, las personas trabajan con un propósito común y, además, aportan lo mejor de sí mismas: la empresa logra los mejores resultados y sus miembros se sienten plenos porque se ha aumentado el grado de satisfacción y compromiso. Se facilitan el trabajo de equipo y el aprendizaje organizacional. Resulta difícil pensar en crear un futuro sin considerar las empresas, las ONG y otras organizaciones porque nuclean personas y pueden ser inspiradoras y fuentes de aprendizaje. Aportan la aplicación de la tecnología, la organización económica, el cambio cultural. También tienen un deber social: hacerse cargo de la sustentabilidad. Y como el tiempo no tiene vuelta atrás y el daño causado a la naturaleza tiene lapsos de recuperación diferentes de los de los seres humanos, si no se inician acciones duraderas y permanentes de protección ambiental, las consecuencias serán catastróficas.

Para el futuro planeado, el que podemos avizorar para épocas en las que ya no estaremos, el diseñado para quienes nos sucedan, es necesario que tomemos en cuenta la inclusión de cada individuo, de las familias, las empresas y organizaciones, las comunidades y el cuidado de la casa que habitamos: la naturaleza y sus invalorables recursos.

La sustentabilidad ya ha comenzado a ser un valor en las empresas y, así, estas generan confianza en los consumidores. Dentro de unos años, la sustentabilidad será tan determinante como hoy lo es la calidad. También lo serán la inclusión y la valoración de la diversidad. Pensar que las acciones orientadas hacia la sustentabilidad representan un gasto es aplicar un modelo perimido de observación de la realidad. Hoy los negocios pueden ahorrar y ganar más dinero si consideran este complejo sistema, que se aplica no solo a las grandes empresas, sino también a las pequeñas.

Cuando el futuro elegido es explícito, se conoce, se habla de él y todos lo buscan porque construirlo significa tanto un crecimiento general como el logro de los sueños personales. Cuando es implícito, cuando no se habla, cuando lo manejan unos pocos, la fuerza que contraponen quienes no están comprometidos en dicha construcción tiende hacia la búsqueda de la homeostasis y la destrucción consiguiente de la posibilidad del logro y del cambio.

Flores, Espinosa y Dreyfus distinguen que, frente a la frustración de que lo que nos importa no esté saliendo, se pueden generar tres opciones diferentes:

- La articulación como el mecanismo de concentración. En ese proceso lo implícito se hace explícito.

- La reconfiguración, mediante la cual algunos elementos que tenían menos peso y se mostraban como marginales cobran sentidos dominantes.

- La apropiación cruzada, cuando un espacio se apodera de una práctica de otro.

Compartir sueños es crear un espacio para que los participantes contribuyan con la máxima expresión de cada uno, el aprendizaje y la transformación. Este lugar saca al ser humano de "la máquina" de las certezas y del "más de lo mismo", y lo enfrenta a su naturaleza: la capacidad de elección.

CAPÍTULO 10

PARA CREAR FUTURO HAY QUE APRENDER

*Un mundo diferente no puede ser construido
por personas indiferentes.*

PETER MARSHALL

*Recuerdo un regalo fascinante de mi niñez: mi primera bicicleta. Era rosa.
Me parecía una máquina poderosa. También recuerdo a mi padre quitando
las ruedas de apoyo e insistiendo para que subiera a ella. No fue lo que puede
llamarse un maestro paciente. Su manera de enseñar era empujando a la
acción, que sentía cercana al máximo riesgo. El miedo aún puedo recrearlo
en el cuerpo. Con la bicicleta no fue diferente. Primero en el largo, interminable pasillo de la casa. El canto de mis manos quedó raspado, sangrando
de la cantidad de veces que me desvié hacia la pared.*

*Ese fin de semana íbamos a Monte Grande, a una casita rodeada por
un jardín donde reinaba un imponente pino. Sus ramas más viejas rozaban
el suelo y generaban cuevas, pasadizos, apoyadas sobre un colchón de agujas.*

*Mi padre comenzó con la pequeña ayuda de sostenerme el asiento
hasta que lograra el equilibrio. Luego me soltó y como cuatro veces después
de intentarlo, y buscando el equilibrio afuera de mí, en la rueda, haciendo
"eses", pude avanzar sin caerme. Despacio, y a medida que fui confiando
más, me di cuenta de que el equilibrio no estaba en la bicicleta sino en mí.
Era mi cuerpo el que, sentado en un determinado lugar, distribuía su peso de
manera equilibrada. ¡Qué descubrimiento! Ya comenzaba a disfrutar, hasta
que pude comprobar que la vida no era un camino recto interminable. Que
aparecían escollos y que, en el camino recto más largo, el escollo era el pino
admirado. Se transformó en un monstruo temido, en el que irremediablemente
me hundía porque no se corría del trayecto previsto y yo no sabía doblar.
Recuerdo haber penetrado en su frondosidad muchas veces, con el cuerpo,
las manos, las rodillas lastimadas y mi padre diciendo: "Levántese, vamos
de nuevo. Doble antes de llegar". El pino y el dolor eran el lugar esperado.
Subirme a la bicicleta era saber que ese era mi final. Alguna de esas veces,*

no sé qué número, decidí que caerme dentro del pino y hacerlo afuera era lo mismo. Lo único que no conocía era cómo sería el dolor pero, por lo menos, no me iba a pinchar. Entonces, me atreví. Giré el volante y doblé. Una heroína. Así me sentí, en la gloria de los cinco años: una digna hija de mi padre. Ya estaba. Ahora había descubierto el equilibrio en mi cuerpo y una manera de doblar… Creí que ya sabía todo sobre la bicicleta.

Pasaron muchos, muchos años, casi una vuelta importante de la vida, más de cincuenta. Una tarde, salí con mi hijo a dar una vuelta en bicicleta por la montaña. El pino de mi niñez se había multiplicado en miles y volví a caer. Entonces apareció otra distinción: "No des vuelta con el manubrio. Solo cambia el peso de tu cuerpo para el lado opuesto al que quieres girar, y verás que así te mantienes más segura". Pero ¿cómo? ¿No es que hay que doblar con el manubrio? Primero resistí; resistí porque ¡no podía haber dos maneras diferentes de doblar! Luego acepté probar y encontré otra forma. Así fue. Un nuevo mundo se abrió. Fue salir por la montaña, por las calles, probando cómo solo el peso del cuerpo me permitía girar.

Comencé a distinguir la maravilla del aprendizaje como proceso. Descubrí que me acercaba a él con curiosidad y que el riesgo me producía miedo. Recordé que mi padre, con su sistema de poca comprensión emocional, me empujaba a atravesarlo para el logro. Me enseñó que el miedo no me detuviera.

También comprobé que buscaba resultados diferentes de manera mágica y haciendo más de lo mismo: corría con la bicicleta hasta hundirme en el pino y sin doblar… Solo un milagro podía evitar ese final. Cuando medí que el dolor de caer ya lo conocía y que doblar podía crear otra posibilidad, lo hice. Recuerdo el miedo: igual pero distinto. Igual porque podía dolerme; diferente porque había una posibilidad. Me di cuenta de que el aprendizaje ocurre cuando distinguimos y que ese hecho cambia el mundo para el observador. Cuando distinguí el equilibrio de mi cuerpo y el poder que me daba para dominar la bicicleta, me di cuenta también de que eso no podía enseñármelo nadie.

Era mi propio proceso que, además, era inolvidable. Aun cuando creía que ya sabía andar en bicicleta y que ya no había nada más para aprender, cincuenta años después una nueva distinción volvió a cambiar la relación: doblar con el peso…

Este proceso se ha producido con sus variantes miles de veces en mi vida. Es mi manera de aprender. Nada más claro que, sabiendo lo que sabemos y haciendo lo que hemos hecho hasta aquí, crearemos algo muy semejante a lo que ya sabemos.

Tenemos múltiples maneras de aprender y, si dedicamos un tiempo a observar cómo aprendemos, podremos conocernos más y manejar mejor nuestra capacidad para el cambio. Si recordamos a la niña de la bicicleta, esa que fui alguna vez, podemos intuir diferentes estados de ánimo asociados a distintas instancias de este proceso de aprendizaje. Al comienzo no sentía confianza en la bicicleta que era un aparato con rueditas, que se convirtió en amenazante cuando no las tuvo. Sin embargo, creía que debía aferrarme a eso en lo que no confiaba y con lo que me podía lastimar, aunque me estuviera cayendo… Estaba allí y mi primera parte del proceso fue creer que "la bicicleta me iba a enseñar". El poder de acción y la autoridad estaban en la bicicleta. Primer gran aprendizaje logrado tras las caídas: el equilibrio se generaba en mi cuerpo. ¡Era yo la que podía sostenerme encima si ponía mi peso con confianza en el asiento! Entonces cambió el lugar del poder y de la autoridad: ahora estaba en mí. Eso cambió mi estado de ánimo: la alegría, el goce de la situación y un mundo por recorrer; una cosa era sin bicicleta y otra con ella. Hasta que se interpuso el pino. Allí comenzó un nuevo aprendizaje. Cuando se nos abre un nuevo mundo, junto con él aparecen nuevas oportunidades de aprendizaje y nuevas distinciones.

Al principio tal vez esté la magia: cuando llegue allí, el pino se va a correr o la bicicleta girará. Lo que más entorpecía mi capacidad de girar era el miedo. El miedo a perder lo ganado:

yo sabía andar siempre recto. El miedo a perder lo ganado es un miedo que puedo reconocer en el proceso de aprendizaje. Detrás de ello, vino la repetición e incluso el conocimiento de que me esperaban el dolor y el sufrimiento. Allí reconozco otra etapa, quizás sea tonta, pero con personalidad. La testarudez: si insisto "aparecerá" el doblar. El dolor y el sufrimiento, los puedo reconocer como una parte marcada por la testarudez. La recuerdo también mientras aprendía a usar la computadora: el repetir una y mil veces la misma acción esperando un resultado diferente, como si fuera la máquina la que tenía que cambiar. Reconozco este aspecto del aprendizaje en mi madre, que repite que la computadora "está en contra de ella" y le borra documentos que ella quería conservar…

Luego llegamos al punto en el que debe haber existido una pregunta, o al menos una comparación: ¿qué diferencia puede haber si me caigo adentro del pino o afuera, mientras doblo el manubrio? Esa pregunta me permitió enfrentar el miedo al dolor o al sufrimiento desconocido. Seguir recto producía un dolor que me hacía llorar, pero lo conocía… El otro, no sabía cómo era. Tal vez era un monstruo mayor, hasta que la pregunta lo puso enfrente. Entonces vino la decisión de enfrentarlo; al hacerlo, doblé.

Creo que mi padre, entrenándome a enfrentar miedos, fue un gran maestro. Porque esa lucha hay que hacerla solo: no hay quien pueda acompañarte a enfrentar tu propio miedo. Cada uno de los miedos es un monstruo diferente, de estirpe y de posible antigüedad diferentes. Ahora que lo recuerdo y pienso en ello, mi padre siempre fue así: para nadar, nos hacía tirarnos en donde no hacíamos pie y nos miraba desde el borde de la piscina en nuestro desesperado intento por flotar. Creo que, en principio, él confiaba más en nuestra capacidad para resolver problemas que lo que nosotros éramos capaces de hacerlo.

Como siempre, y al criticar desde lo que ya sabemos, a mi padre le faltó hacerme algunas preguntas: "Cada vez que te enfrentaste con algo que no sabías ¿qué pasó al poco tiempo?" y yo habría contestado, orgullosa y segura: "Pude, papá".

Sin embargo, "pude" es una palabra que viene seguido a mi mente cuando atravieso los espacios de no saber. Entonces, para aprender, hay que confiar en que somos capaces de hacerlo y que atravesaremos diferentes situaciones y emociones. Si nos prestamos atención y nos hacemos más preguntas, también podremos ahorrar y acortar los tiempos de aprendizaje relacionados con el dolor o la frustración.

El sistema educativo está empeñado fundamentalmente en formar en conocimiento a los educandos y en crear en ellos una "manera de ser" que se considera la adecuada según determinados valores. La libertad de elegir quiénes queremos ser no se tiene en cuenta; la capacidad innata de relacionarnos con el aprendizaje tampoco. Dedicar el mayor tiempo al desarrollo del "quién" –de ese del que depende aprender– podría ser una transformación trascendente. Permitiría tener seres adultos más flexibles, que aprenderían y se transformarían durante toda la vida.

Muchos adultos volvemos a confrontar con este proceso si nos invitan a jugar con juegos electrónicos o en la computadora. Otros gozan con cada juego nuevo, aunque tengan que aprender otra vez toda una forma de hacerlo y de ganar. En esos juegos, nuestro avatar o personaje se muere mil veces y en la mil una lo hacemos resucitar para volver al juego, para ganar... porque el aprendizaje está asociado con claridad a ser más competentes en algo en que no lo éramos. Está asociado al compromiso con el logro y no con el dolor o la comodidad de lo conocido, a la calidad de las preguntas que nos hacemos, a la información que recopilamos.

Todo lo que aprendimos como civilización se debe a estos procesos de aprendizaje hechos por los seres humanos. Algunos se arriesgaron a aprender más que otros y transformaron el mundo en mayor medida. ¿Qué aporte hace cada uno al mundo con lo que aprendió?

La flexibilidad frente al cambio

Algunas personas son como el roble que nunca llora y otras se doblan como el junco, que saca ramas de cualquier parte que lo nutra.

Durante mucho tiempo, los especialistas afirmaron que la capacidad de aprender era una función del cerebro o del coeficiente intelectual. El adulto aprende, en lo fundamental, desafiando lo ya sabido; aferrarse a lo conocido permite el proceso de mejora, pero también inhibe un resultado extraordinario. El mundo conocido está habitado por aquello que ya sabemos, ya sea porque lo estudiamos o porque "siempre fue así". Muchas veces, también podemos hablar sin saber, o sin saber demasiado de un tema, pero hay una conversación cultural que sostiene una lógica respecto de lo que sabemos. Este modelo es tan fuerte que solo distinguimos en el mundo aquello que ya sabemos, por lo que todo lo que encontramos nos da la razón y nos confirma nuestra verdad. Defender lo que ya sabemos nos es natural porque también nos da seguridad. Lo hacemos a través de conversaciones internas basadas en "acuerdo-desacuerdo", "me gusta-no me gusta", "sí, pero…", "esto es una locura", etc. Algo totalmente desconocido nos desorienta y, en vez de reconocerlo, nos enojamos y lo criticamos. Allí se produce la crisis.

¿Cómo lo que siempre fue de una manera deja de serlo y lo hace sin pedir permiso? ¿Cómo puede cambiar así de rápido? Comienza, entonces, la etapa de las preguntas. Suelen ser preguntas que nos llevan a contestarnos siempre lo mismo, por lo que tenemos razón y, entonces, nos enojamos. Las preguntas están hechas sobre la base de las respuestas que ya tenemos: las armamos para reafirmarnos. No buscamos otros puntos de vista, no nos hacemos preguntas que no tengan respuesta, no nos preguntamos si nos sirve para el futuro que queremos conseguir, ni si es un juego que incluye. Entonces, con esas preguntas nada cambia. Porque el sordo mundo sigue igual…

Hacernos preguntas para reconocer en hechos lo que está ocurriendo, atrevernos a preguntarnos aquello para lo que no tenemos respuesta puede acercarnos a generar un cambio. Pero, en ambos casos, tendremos que desprendernos de lo que sabemos y aprender. Aprender nos permitirá experimentar, probar, dudar. Darnos cuenta de nuestra relación con este espacio marca una diferencia. Algunos se sienten incómodos, se enojan, y otros incluso abandonan el aprendizaje. Parte de este consiste en entrar en procesos creativos: son fenómenos sociales que proponen modelos de comunicación diferentes de los conocidos. Se requiere aprender a observar de una manera nueva; por cierto, sin pensar en que "está bien o está mal", sino en "lo que está faltando". Poner aquí el foco acelera el proceso de aprendizaje, nos saca de las críticas y nos permite acercarnos a la realidad que buscamos.

La flexibilidad en la conducta puede ser un subproducto del punto anterior. A veces no somos libres para elegir lo que sucede, pero sí para interpretar y, en consecuencia, actuar en respuesta. El aprendizaje, incluido el aprendizaje contextual, se basa en el establecimiento de distinciones más que en la transferencia de información. Distinguir (del latín *distinguere*) significa "hacer que algo se diferencie de otra cosa". Cuando alguien distingue puede separar algo, alguna característica, de todo lo demás. Desde el punto de vista ontológico, cuando distinguimos hemos cambiado como observadores, ya que ahora podemos mirar algo que antes no notábamos.

Una distinción es una manera de organizar lo que somos capaces de percibir y no solo tiene que ver con "conocer"; nos altera en la relación con la cosa, nos cambia como observadores. En realidad, las distinciones son las que determinan lo que podemos observar; el modo en que vemos el mundo es una función de las distinciones que hacemos. Cuando comenzamos una carrera nueva, el lenguaje de ese cuerpo de estudios nos parece difícil y casi imposible de aprender. Sin embargo, si no adquirimos un nuevo lenguaje no podremos expresar, describir, lo que ese conocimiento nos muestra.

Una persona que cuenta con muchas distinciones dentro de un cuerpo de conocimiento tiene un poder de acción mayor que otros que tienen menos. Los pintores se relacionan con la forma y los colores de una manera diferente a como lo hacemos la mayoría de nosotros; si ellos miran una paleta con colores, hacen distinciones que dan lugar a su creatividad y su expresión. Otra persona puede aprender información acerca de colores pero, a menos que para ella los colores vivan como distinciones, lo mejor que va a lograr será un resultado de principiante.

Las distinciones permiten la ampliación del paradigma porque, una vez que hemos distinguido, ya hemos alterado nuestra manera de mirar, hemos cambiado como observadores. El aprendizaje no es necesariamente sinónimo de generar distinciones; muchas veces está asociado a aprender teorías, declamar conceptos, y creo que se comprueba en los resultados de la educación de muchos países que ese modelo no genera cambios en el observador, ni lo habilita para la acción.

Otra distinción importante es cuando declaramos que lo que ocurre está fuera de nosotros. Olvidamos que si no declaramos una relación con eso que ocurre, no podremos hacer nada para cambiarla. Al mismo tiempo, aceptar lo nuevo no es solo una declaración personal. Lo nuevo irrumpe en la cultura y porque esta, por naturaleza, está hecha para que nada cambie, tiene que rechazarlo… y somos seres culturales. Como dice Jim Selman, somos esclavos de la cultura que nos usa para lograr sus fines: todos más o menos dentro de la misma franja, con pocos cambios y siempre más o menos igual. Por lo tanto, reconozcamos con humildad que no podemos observar la realidad como es. Podemos observarla como nuestro observador (influido y manejado por la cultura) lo permite. ¿Entonces? Entonces, aprendamos por lo menos que solo somos observadores desde donde podemos, que hay una oportunidad en saber cómo observamos y aprendamos a conocernos como tales, sabiendo también qué generamos desde ese lugar.

Por lo tanto, con este modelo no podemos crear un futuro nuevo. El camino no es llegar hasta allá a partir de aquí. El cambio no está afuera (con perdón del cambio): la transformación se realizará si somos capaces de cambiar nuestra manera de observar, y no basándonos en el pasado o en lo ya existente, sino apoyándonos en lo que nos comprometemos a crear y que, por lo tanto, aún no conocemos. Con las distinciones logradas hasta aquí, no podemos construir un futuro muy distinto del que existe hoy. También en esta circunstancia el futuro vive en el ser y no fuera de él. El cambio está dentro de cada uno de nosotros, no afuera. Y el aprendizaje nos cambia y nos transforma. Sin esto, no existe un futuro diferente.

Entonces, para mover a otros para el cambio, además de movernos a nosotros mismos, será necesario que las personas o los equipos cambien su manera de observar. Es imposible hacerlo desde la sugerencia, la orden o el grito. Este fenómeno no es intelectual; tampoco tiene que ver con pedirle a la gente que piense de manera diferente, porque pensar ocurre después de la observación y es otro fenómeno. La observación está asociada al lenguaje y crea realidad por medio de él.

El compromiso es lo que modifica al observador. Siempre estamos comprometidos y el compromiso tiene múltiples capas y derivaciones relacionadas con otros compromisos de los que no estamos enterados. Por ello, no siempre estamos comprometidos con aquello con lo que declaramos estarlo.

En resumen, la disposición para aprender es condición básica de la creación de futuro, lo que implica generar distinciones, comprometerse, soltar certezas y apoyarse en el futuro en vez de en el pasado.

Si bien pensar en el futuro es un gran paso, el aprendizaje por la acción es el que transforma el fenómeno hacia la comprensión, haciéndolo parte del ser aprendiz, generando una visión. Cuando somos parte del proceso de creación, quedamos ubicados, como observadores, en un lugar muy distinto del que ocupamos siendo meros herederos o depositarios de una idea generada por otros.

Otro cuento

Chi quería ser un gran espadachín, pero encontraba en su padre la mayor crítica. Él le decía que no tenía el cuerpo ni la velocidad de los espadachines. Desafiando la opinión de su padre, Chi fue a buscar al mejor espadachín de todo Japón y le pidió que fuera su maestro.

—¿Cuánto tiempo requiero para ser un gran espadachín? –le preguntó–. Supongamos que comenzamos a trabajar en este mismo momento, que me convierto en tu sirviente y alumno ya mismo.

El maestro, sin inmutarse, dijo:
—Diez años.
Chi se puso muy ansioso y replicó:
—Mi padre está muy mayor y yo debo mostrarle que fui capaz a pesar de su opinión. Prometo trabajar el doble del tiempo. ¿Podré hacerlo en cinco años?
—No –contestó el maestro–, te llevará treinta años.
—¿Cómo puede ser, si antes me dijiste diez?
—El alumno apurado y que necesita cumplir con otras cosas u otras personas fuera de su aprendizaje aprende lentamente –adujo el maestro.
Chi comprendió las condiciones, decidió que lo que más le importaba en la vida era ser espadachín y se transformó en su sirviente. Se dedicó a hacer las tareas de la casa y las personales que le fueran encargadas. Nunca se atrevió a preguntar cuándo comenzaban las clases, pero se daba cuenta de las crisis que le producía esperar que algo diferente sucediera. Lentamente fue aceptando el momento y lo que ocurría. Comenzó por hacer con excelencia lo que se le encargaba y a confiar en sí mismo, en su maestro y en el proceso.
Pasaron tres años entre quehaceres diversos y un día, mientras limpiaba la cocina, Chi sintió un profundo dolor en la espalda. El maestro acababa de pegarle con una espada de madera y el joven ni siquiera se había dado cuenta de que se había acercado.
Los días comenzaron a ser un martirio. Nunca sabía desde dónde caería el golpe. Con el tiempo comenzó a escuchar con sutileza aun el espacio, a sentir el cambio en el aire, a escuchar los sonidos que antes no escuchaba. Aprendió a vivir en alerta: un cuerpo sin deseos, sin pensamientos, una mente alineada constantemente con el momento; un alerta permanente.
Entonces, el maestro, satisfecho, comenzó a enseñarle. En poco tiempo Chi llegó a ser un gran espadachín.

Chi pudo aceptar que quería ser el mejor espadachín por sí mismo y no por su papá. Puso el compromiso en aprender y confió en su maestro, manejó sus estados de ánimo, sus urgencias, sus miedos, sus juicios y buscó la excelencia.

Luego le llegó la hora de distinguir y aprender que la distinción fundamental de un espadachín es la atención permanente, el alerta y el instinto de preservación, más que el uso del arma.

Aprender rápido lo habría llevado a manejar una herramienta con excelencia, pero sin dejar espacio para que apareciera la distinción fundamental de ese arte. Habría sido un espadachín más de los muchos que había.

CAPÍTULO 11

LA EMOCIÓN Y EL SENTIMIENTO QUE PERMITEN CREAR FUTURO

Ojo por ojo, y el mundo acabará ciego.
Mohandas Karamchand Gandhi

Eros es el dios del amor. Todos los dioses repiten historias semejantes y también tienen padres, cuyas historias influyen en la manera de ver el mundo de sus hijos. En el caso de Eros, la imposibilidad de conocer la historia oficial sobre quiénes son sus padres puede influir en quién es él y su función en el mundo. Coincide, en forma graciosa, con diferentes maneras de ver el amor.

Visto a veces como un dios menor y juguetón, se lo consideró hijo de Afrodita (diosa del amor) y Hermes (el mensajero de los dioses). A esta unión se debe el Eros niño alado que vive flechando corazones de a uno, por lo que crea el desasosiego del amor en quien no encuentra su otra parte. Para otros, es hijo de Penia (la pobreza) y Poros (el recurso), con lo que este hijo encuentra en el amor una satisfacción temporal antes de que el eterno vacío vuelva a aparecer, imposible de llenar: tal vez mañana sea el día, tal vez el nuevo amor sea el gran amor.

Se dice que Eros era hermano de Anteros y que se criaron juntos: Anteros, que tenía alas de mariposa, fue concebido porque Eros no crecía (amor contrario o recíproco). Este peleaba mucho con Anteros que se ha dedicado a reivindicar el amor no correspondido, a través de la lucha. Él es el vengador de Eros.

También le adjudican como padre a Ares (dios de la guerra), quien tuvo una relación oculta con Afrodita (hija de Zeus y Dione). Se lo conocía como alguien de emociones contradictorias y en consecuencia como un dios amado por algunos y resistido por otros… Ares nunca fue claro en sus elecciones y podía jugar para diferentes bandos según la ocasión. De Afrodita, su madre, se dice que nació de la espuma del mar y por ello algunos consideran que su existencia fue previa a la de Zeus. Su esposo era Hefesto, el hombre más feo del mundo, porque ella era la encarnación de la belleza y el amor. Pero

187

Hefesto la hizo sufrir engañándola con otras diosas e incluso con humanas. Del profundo, momentáneo y difícil amor entre Ares y Afrodita se dice que nació Eros. También hay amores así... al menos parece.

Para otros, en el principio de todo estaban Caos, Nix (la noche) y Érebos (dios de la oscuridad y la sombra que llena todos los rincones y huecos). Nix puso un huevo del que surgió Eros. Por lo tanto, Eros nace de un hermafrodita (un amor de dos convertido en uno) cuyas dos mitades, al romperse, formaron el cielo y la Tierra. Nació un todo, completo, capaz de encontrarse en todos lados, de acercarse y sentir las sombras como parte de él, como fuente de inspiración, de progreso, de relación con todos y con todo.

¡Ah! Olvidaba... Eros se enamoró de una mortal, Psique. Psique significa el aliento, el primero y el último, por lo que es la vida misma.

Afrodita estaba profundamente celosa de la belleza de Psique y le pidió a Eros que la matara con una de sus flechas, para poder seguir siendo la mujer más hermosa. Eros obedeció a su madre, pero cuando conoció a esta mujer, se enamoró perdidamente de ella, tiró su flecha al mar y decidió engañar a su madre visitando a Psique solo por las noches. Logró que se fuera con él, lejos de sus hermanas. Psique quería saber cómo era él, cómo era su rostro, pero eso estaba prohibido.

Alguna vez, Psique le planteó que extrañaba a sus hermanas y le encantaría visitarlas. Eros le prometió concederle el deseo siempre que no les confiara quién era él ni cómo era. A pesar de inventar historias, sus dudas aparecieron en las conversaciones con las hermanas, quienes le aconsejaron prender una luz de manera sorpresiva para verle la cara al amante. Eso pasó y Eros se despertó cuando una gota del aceite de la lámpara rozó su cara.

No le quedó más remedio que contarle la verdad a Afrodita quien, ofendida, castigó a Psique alejándola del amor. Psique reconoció el profundo amor que sentía por Eros y le dijo a Afrodita que le pidiera lo que fuera para recuperar a su amor. Ella, enojada, le encargó trabajos muy difíciles. Psique los hizo todos. Afrodita y su esposo Zeus permitieron la boda entre su hijo-dios y una mujer de la Tierra. Ellos fueron felices. En muchas historias como esta, el éxito en resolver pruebas difíciles muestra la profundidad del sentimiento.

Este dios del amor puede ser dios porque lo vivió, en su concepción, en la forma de sentirlo y defenderlo. Su unión con los humanos es tan profunda que son como una sola cosa, que existe desde el primer hálito de vida hasta el último. Eros también es conocido con el nombre de Cupido y el de Amor o Amores.

Cuando buscamos ejemplos de amores perfectos, recurrimos a las historias de príncipes y princesas, de hadas concediendo deseos, porque parecería que allí todo es ideal. Las princesas no son malhumoradas ni envejecen. Los príncipes no tienen mal aliento al despertarse y jamás contestan mal. Ni hablemos de engaños o mentiras. No hay pobrezas para compartir, y si las hay en la historia, los protagonistas son felices comiendo pan y cebollas.

Habrá amores más grandes, que han crecido y perdurado entre cambios de estaciones, con frío y con calor, con lluvias, tormentas y días de sol… Que se han fogueado, más allá de los fuegos pasionales que consumen la necesidad de la cercanía de los primeros tiempos, por la serena estancia en la compañía, la amistad de almas que se conocen mucho.

Con los amigos sucede algo parecido.

Cuando está presente la desnudez del alma ya no hay cosas feas ni se necesitan cirugías. La aceptación es su base, que crece y abraza a la sociedad toda. Si hay tolerancia, hay un esfuerzo por superar la diferencia; sin ella, este no dura mucho tiempo y aparece el riesgo del control o el resentimiento.

Todo está bien si somos quienes somos…

Recuerdo una caricatura que vi en mi niñez en la que una pareja de viejitos está sentada a la mesa. Uno le pregunta al otro: "¿A quién de los dos no le gustaba el brócoli?".

Si queremos crear futuro, y lo haremos con otros, el sentimiento que une es el amor. El amor genera una energía de poder, de expansión, de dignidad en quien lo vive, y la ambición de querer más y más.

Para que este amor exista debemos confiar en que somos amados. Sin esa confianza de aceptación plena, de relación y de unión ¿cuánto importa si realmente nos aman si no podemos entregarnos a ese amor? ¿Qué diferencia se puede hacer si vivimos pidiendo pruebas, sin creer, sin darnos al otro?

Confiar en que somos amados nos pone nuevamente en la rueda de la vida. Nos permite jugar desde un lugar diferente y minimiza cualquier falla del otro. Esta confianza es una declaración que en algún momento toma la forma de juicios. Cuando los juicios comienzan a generarse en forma negativa porque el otro no responde al molde que habríamos querido, el control, la necesidad de cambiar al otro, se transforman en el orden del día. En esos momentos volvemos a encerrarnos en nuestro mundo, nos separamos y los valores se transforman porque allí, por ejemplo, cobra preeminencia el tener razón, que separa aún más. Cuando esa espiral se pone en funcionamiento, la distancia y la separación se hacen cada vez mayores. La máquina nos come, nos perdemos al otro como parte del "nosotros" y este pasa a ser alguien de quien es necesario que nos cuidemos. La confianza se hace imposible.

Para poder sobrevivir en el amor, hay algunos aprendizajes trascendentales: el perdón, las conversaciones honestas, el comprender, apoyar y permanecer comprometidos durante los tiempos difíciles, cuando el amor parece no estar presente. El compromiso y la palabra dada pueden ayudarnos a generar relaciones no basadas en el cortoplacismo.

En *Amor líquido,* Zygmunt Bauman (2005) pone de manifiesto un modelo cultural que busca la satisfacción momentánea, sin proyección ni compromiso. Se vive el amor en tiempos cortos, lo que genera la necesidad de buscar más y más, porque el vacío no se llena nunca. Desde mi óptica, es la búsqueda individual, y no la de un "nosotros", que se produce por falta de confianza. No hay una relación con otro; este representa un medio para lograr algo que buscamos. Buscamos la seguridad para preservar nuestra individualidad, porque tenemos miedo de que nos lastimen y, al mismo tiempo, tememos la declaración del "para siempre", por si no nos calza. Peleamos con desesperación la necesidad de pertenecer, cambiándola por la de preservar nuestro espacio personal, huyendo de la atracción por el otro y con temor al rechazo.

La necesidad de pertenecer es ancestral, proviene de nuestra vida en manada, en la que la base de las relaciones es la durabilidad. Los animales pueden pelear por situaciones pero, una vez estas resueltas, la relación se mantiene. La vida depende de ello: el espíritu de manada es más importante. Como Bauman expresa, tal vez hoy prime y se valore la novedad, y lo que es viejo se descarta y va al basurero…

Hablar de relación de amor no se limita a la pareja. Incluye las relaciones significativas de nuestra vida, las comprobables y las declaradas. El amor como vínculo funde y baja las barreras de un "yo", las cambia por un "nosotros".

Fernando Flores describe al ser humano como criatura finita y erótica. Criaturas, porque somos dependientes biológica y ecológicamente. Finitas, porque nos espera como destino la muerte, y eróticas porque buscamos la completitud a través de la relación con otro.

Cuando el amor está presente, el estado de ánimo es la ambición: parece que todo se puede, la alegría es la emoción preponderante, la energía es muy alta, el mundo parece sonreír y la sonrisa es para el mundo entero. Creemos en todo y en todos y, por supuesto, el futuro parece una promesa de paraíso eterno. Cuando no hay amor, el miedo nos absorbe en su juego pequeño, incrementa la soledad, la necesidad de defendernos, de aislarnos, de medir cada paso y sentimos que no somos suficientes.

Amar incluye la aceptación de ser amado. Cuando confundimos el amar con el cómo somos amados, comienza a generarse una serie de juegos difíciles de completar: la belleza física, el cuerpo perfecto, la capacidad económica, el poder… Juegos que poco tienen que ver con el amor como vínculo, como el ser-con-otro.

Nuestro paradigma nos muestra el amor como un problema en el que se trata de encontrar el objeto del amor y no como la capacidad de amar en sí misma. Los "encuentros milagrosos" inundados de intimidad, de atracción, de entrega plena, en general duran muy poco si no se distinguen del amor. Mientras se habla del amor de esos momentos como medida de lo que ocurre, no se mira la medida de la soledad de la que viene cada uno de los participantes en la relación. El amor contiene el ser-uno-con-el-otro. De allí nos retiramos cuando no encontramos lo que buscamos en el otro, sin hacernos cargo de que lo que buscamos nos corresponde y no le pertenece. Si buscamos el amor como sensaciones agradables, dejamos de lado un aprendizaje sobre la relación. Pensamos que el amor consiste en ser amado, no en la capacidad de amar. Por ello, aparece la necesidad de valorar otros aspectos de la relación como la riqueza o la belleza física, como si la persona amada fuera algo que tenemos que conseguir. Es una confusión en la que la razón del amor depende de encontrar un objeto amado más que de tener la capacidad de amar.

Muchos, cada vez más en esta locura creciente, buscan la solución en las drogas, con las que desaparece el mundo exterior y, en consecuencia, se alivia la sensación de separación. Mientras duran sus efectos, las personas se sienten completas; más aún si la experiencia se comparte con otros. Otros buscan en el sexo ocasional y con diferentes parejas una forma de aliviar, por instantes, la soledad, para escapar fundamentalmente de su ansiedad, pero sin poder llenar el espacio que ocuparía el amor si estuviera presente.

La cultura compartida, la forma de vivir, nos da también una cierta sensación de pertenencia: si pienso como todos, si no tengo pensamientos ni sentimientos diferentes de los de los demás, si me visto de la misma manera, si respeto las reglas del grupo, no estoy solo, no estoy sola, pertenezco, soy parte, me reconocen como miembro de este. Querer ser diferente puede pagarse con la vida; los regímenes totalitarios no lo permiten. Algunas tribus rechazan esos miembros y los expulsan o los matan. En ellas, el sentido de pertenencia está marcado por muchos y diferentes símbolos que deben cumplirse, se comparte la sangre, el espacio donde se asientan, la cultura. Las tribus agrandadas también existen hoy, cuando nos reunimos alrededor de una Iglesia, de un partido político, de una idea que nos unifica socialmente, de un barrio o una ciudad. Por eso necesitamos conformarnos. Cuando no calzamos en el molde, la respuesta inmediata es el rechazo. Aceptar es, muchas veces, pedir perdón por haber querido ser distinto. Es el pasaporte para seguir perteneciendo y no asumir la soledad. Nos parece natural pensar como todos e invocamos "la lógica" y el "sentido común" como explicación. Así es como no solo compartimos muy buenos momentos en estas sociedades; también aparece la necesidad del silencio, muchas veces de uniformes y códigos acordados, más allá de quienes somos, de lo que queremos, de nuestros compromisos y sueños. Otras veces, necesitamos negar lo que ocurre. Por ejemplo, muchos judíos, durante la Segunda Guerra Mundial, no creyeron lo que les esperaba y no quisieron dejar sus casas y sus tierras. Siempre pensaron que todo iba a pasar y que se volvería a como siempre habían sido las cosas.

Al mismo tiempo de querer pertenecer, buscamos ser reconocidos como únicos, con nuestro aporte y la libertad de elegir nuestro destino. La aceptación de la diversidad y la inclusión están sostenidas por estos dos elementos: todos somos uno como humanos y todos somos únicos. La igualdad ha sido bandera de las religiones que dicen que somos iguales ante los ojos de Dios, pero se habla de una igualdad de humanos, incluido al mismo tiempo el libre albedrío de elegir nuestras diferencias. La igualdad, en consecuencia, está asociada al hecho de ser parecidos, no al de ser únicos. La igualdad puede eliminar las diferencias, pero atenta contra nuestra unicidad.

La respuesta es la relación interpersonal, la fusión con otro, el sentirse uno, el amor. Este sentimiento es el más poderoso en el ser humano. Es lo que nos permite permanecer juntos como parejas, familias o sociedad. Si esto no está presente, se acaba la pareja, la familia y se lleva a la destrucción del otro y de los otros.

Cuando la soledad, la falta de amor están presentes, se utilizan otros medios que van desde la adoración a animales al uso y abuso del poder, al amor a dioses.

Erich Fromm describe el amor como la unión bajo la condición de preservar la integridad personal y la individualidad, un poder activo del ser humano. Permite romper el ostracismo de la soledad y la separación, y aún queda la posibilidad de ser uno mismo. Nos da la posibilidad de ser uno, siendo dos. También está relacionado con la igualdad. Y esta está dada por la posibilidad de elegir. Cuando no podemos elegir estar junto a otro, cuando esa unión es forzada o elegida por otros pueden aparecer el oprobio, la denigración, el abuso.

Cuando el matrimonio era armado por terceros, ni siquiera se hablaba de amor, se incluía, en la mayoría de los casos, la sumisión de la mujer al hombre. Cuando existieron matrimonios en los que, además de la conveniencia, creció un gran amor, fue porque ellas eran reinas y eso las ponía en un plano de igualdad con el hombre elegido por terceros. Eso daba la posibilidad de la elección desde la libertad para amar.

Sin embargo, desde el punto de vista histórico, existe poca relación entre el amor y el matrimonio.

Grandes leyendas que perduran en nuestra cultura y en la memoria colectiva lo ponen de manifiesto. Entre ellas podemos hacer referencia, por ejemplo, a una historia bíblica: la relación entre la reina de Saba y el rey Salomón. La joven, a pesar de haber prometido conservar la virginidad, viajó a conocer al rey Salomón y se enamoraron profundamente, aun teniendo él setecientas esposas y un buen número de concubinas (se estima que eran trescientas). Ella admiraba su habilidad para conversar, su conocimiento y su capacidad para hablar con los animales; y él amaba en ella su belleza y su inteligencia.

En otro contexto, entre las leyendas medievales, por ejemplo las del reino de Camelot, en la actual Gran Bretaña, Ginebra era esposa del rey Arturo. Sin embargo, el gran amor de Ginebra fue Lancelot, uno de los caballeros de la Mesa Redonda en quien confió Arturo para que fuera a buscarla a Cameliard para casarse con ella. Dice la leyenda que Ginebra y Lancelot se amaron hasta sus muertes.

El amor está relacionado con la generosidad, con el dar. En el mundo actual hemos armado una nueva creencia mercantilista que relaciona el dar con el recibir. Eso ocurre en el comercio, en el trabajo y se extiende a otros órdenes de nuestra vida cotidiana. Creemos que es lo justo, dado que si alguien da sin recibir, se empobrece, pierde… Tal vez esto sea verdad en cuanto a objetos o bienes, pero no tiene por qué estar relacionado con los sentimientos. El dar proviene de la interpretación que no se agota ese dar, porque la riqueza personal es inagotable y se alimenta de esta misma acción. Esto genera alegría, entrega y relación con otros. Es dar conocimiento, entusiasmo, ideas, posibilidad, pasión, humor, alegría. Nada de esto empobrece sino que, por el contrario, regala una vitalidad que el otro toma y recibe como tal, y aumenta la abundancia personal. El dar genera en el otro una energía vital que es devuelta y provoca un recibir. Es un acto común de vida: sentirse unidos.

El amor implica el cuidado del otro, que requiere de un trabajo constante de los participantes en la relación, de conversaciones, del mantenimiento del alerta frente a los cambios en la percepción de cada uno de la realidad, aparte de lo que pueda pensar y sentir el otro. El amor lleva a la declaración de la importancia del otro en nuestras vidas y de cómo cualquier leve cambio de alguno impacta en el otro. Cualquiera sea este, genera un cambio en el vínculo y, muchas veces, lleva a percibir el cambio como peligroso. Lew Epstein en su libro *Trusting You Are Loved* (1998) muestra un lugar desde el cual generar la relación con el otro, basada en el respeto, en la identificación de las diferencias nucleares entre hombres y mujeres, la influencia del miedo en nuestros compromisos, los ciclos autodestructivos…

En las relaciones es importante aclarar de qué lado estamos: hay quienes pasan de estar al lado a estar enfrente sin avisar, de ser parte a ser el enemigo. Las emociones se confunden, surge el miedo, la pérdida de confianza parece imposible de superar. No se trata del perdón, que puede darse para volver a iniciar el ciclo, sino de no olvido. Olvidar sería no aprender. Este punto es altamente significativo en términos sociales porque estamos acostumbrados a golpear a quien amamos en vez de hacer reclamos, buscando generar con ello un respeto que confundimos con el miedo que le suponemos al otro. Cuando esto pasa, el amor no cierra su ciclo. Se pierde la intimidad, no pueden darse la vulnerabilidad y la apertura. En consecuencia, ¿cómo se crea futuro en esta situación?

Cuando separamos desde el lugar del diferente, repetimos el mismo juego de condicionar dominios de conexión. Desde allí juzgamos hoy al diferente en nuestra cultura: no es parte de nuestra vida, como si esta no fuera parte de la vida… La valoración de las diferencias nos permitiría acceder a la aceptación de la riqueza que estas crean. El aporte de los puntos de vista contribuye a ampliar la visión del mundo en vez de luchar por mantener la visión personal. Así aparece el respeto, que se basa en considerar y valorar la libertad. Con él, no se requiere dominar o destruir a quien es diferente. Cuando necesitamos dominar o destruir al otro por ser diferente, no hay respeto y nuevamente nos hemos separado y lo hemos declarado como "no perteneciente" a nuestro mundo.

También influye en el amor la distinción de responsabilidad. Recuerdo a Jim Selman quien decía que la responsabilidad, cuando consideramos que corresponde en el 50 por ciento en una relación porque el otro 50 por ciento pertenece al otro, deja la puerta abierta para que el error caiga en el 50 por ciento que no es el nuestro…

El amor es una actitud, una orientación de carácter que determina la habilidad relacional de una persona en el mundo como un todo que no se limita a un "objeto" de amor.

El amor en la pareja no puede describirse por las caricias, las miradas, el encuentro. No es hacer el amor. El amor, sin duda, contiene el deseo, las emociones, los sentimientos. Incluye el deseo de que se prolongue en el tiempo y la urgencia por declararlo es una manera de asegurarnos de que permanezca ya que, una vez dichas las palabras, deja de ser un contexto de intimidad y se extiende, es una invitación. Muchas veces también es un dilema y desdecirse puede generar situaciones dolorosas para ambos. El amor en una pareja es un sentimiento exclusivo y particular. Si alguien puede amar a muchas mujeres, como Don Juan, tal vez ame a la mujer como género, pero no se relaciona en esa profundidad y ese sentimiento especial con ninguna.

El amor incluye también un compromiso: el de seguir amando. Pero no se ama por compromiso, porque destruiríamos al amor como sentimiento poderoso. El amor nos plantea una necesidad emocional de estar y compartir con el otro. Nos acerca la belleza o la atracción, aunque el amor está en lo que eso nos dice a nosotros.

El amor es recíproco: se alimenta de la respuesta. Más allá del ego y sin esperar respuesta, puede durar un tiempo, pero si no aparece la reciprocidad, se transforma en otros sentimientos. No es confundible con la necesidad general de amar en cuanto base de la construcción de relaciones porque es una pasión particular que se focaliza en alguien. Es difícil mantener el amor en la ausencia.

Un diseño de futuro primordial ocurre en las parejas: se elige estar juntos para el tiempo por venir. En vez de basarse solo en la historia para construir el futuro, el espacio relacional debe incluir ese tiempo de construir juntos que impactará tanto en ambos como en la descendencia. Adónde vamos incluye también el permiso de cambiar.

Freud (2013) define el amor como la relación del yo con sus fuentes de placer. En las primeras etapas de su desarrollo, el amor se da por identificación cuando el "ser" y el "tener" se confunden. La necesidad de estar, de poseer, de no soltar es una demostración de ello. En algunas culturas podría explicarse el canibalismo como la incorporación de lo amado. ¿Tendrá esto algo que ver con la comunión como sacramento?

Aunque el amor pase por diferentes etapas, cuando se llega a la más madura, la del objeto, el placer y el displacer están dados por la relación del yo con este objeto. Deseamos su cercanía y, si es posible, incorporarlo. Las explicaciones en estos términos reducen el amor a un fenómeno limitado al placer personal.

Sin embargo, vivimos en una concepción del amor que es cultural e histórica. Las formas que encontramos de manifestar y mantener el amor han venido evolucionando desde que comenzamos a imaginarlo, a reflexionar sobre él.

Los griegos creían que el amor se daba fundamentalmente en las relaciones homosexuales de un hombre con un mancebo, cuya razón para el intercambio era la admiración por un cuerpo bello, y las relaciones con las mujeres eran la forma de procrear. Platón aportó el concepto de idealización del objeto del amor y del amor en sí mismo. Habló de sexo, no solo con un hermoso cuerpo sino con una hermosa persona, y elaboró la idea de lo que conocemos como "estar enamorados". Siglos después, la religión cristiana demonizó el sexo, limitando su legitimidad a la reproducción dentro del matrimonio. Inventó una especie de "ser íntimo", que debía depositar en Dios un amor que, sin embargo, nunca sería suficiente. El único amor puro, por lo tanto, era –desde esta mirada– el amor divino.

A partir del siglo XVIII, luego del proceso de idealización, el cortejo amoroso devino en el romanticismo, con canciones que lo exaltan, con gestos y palabras dulces que buscaban ocultar una razón última: el sexo. Sin embargo, este pasaba a ser algo consecuente con el amor platónico inspirado por ese juego que incluía la caballerosidad, las expresiones románticas, las palabras hermosas. Este amor no estaba necesariamente relacionado con el matrimonio: Tristán e Isolda, por ejemplo, se amaban locamente y cada uno tenía su matrimonio. El romanticismo, como movimiento cultural, incluyó el matrimonio dentro del amor. Hasta ese momento, nada tenían que ver el uno con el otro.

Robert Solomon (2006) dice que el amor, tal como es comprendido en la actualidad, es una mezcla del eros pagano, del amor idealizado de los cristianos y de la filosofía moderna. No es solo sexual o primariamente sexual, sino una versión moderna de las virtudes paganas de la sensualidad, de la devoción cristiana y de la fidelidad en el contexto moderno de la afectividad, privacidad individual y autonomía.

El lazo de base, el más profundo que genera una comunidad, es el amor, la aceptación de los miembros y la generación de esa pertenencia. Los miembros de las comunidades comparten algunos juicios respecto de su pertenencia a ella, por lo que aun cuando creemos que hay gente que no pertenece a la comunidad, si está allí es porque comparte algunos juicios comunes muy profundos.

Las sociedades en las cuales predominan las reacciones de violencia manifiestan en sus adelantados violentos lo que muchos querrían expresar pero contienen. Aquellas que son corruptas también tienen sus débiles que muestran lo que otros repriman: el deseo de salvación por medios rápidos y con poco esfuerzo, y pasando por encima de otros, está en muchos de sus habitantes.

Sin embargo, para protegernos de ellos, emitimos opiniones separatistas, sin comenzar por hacer un profundo análisis de nuestras creencias que nos permitiría, como sociedad, lograr un cambio. Separarnos del otro, quitarle nuestro amor, excluirlo, no representa una real solución. No estamos diciendo que debemos abrazar el delito. Creo que tenemos que dejar la respuesta al delito en manos de quienes imparten justicia pero, como miembros de una sociedad, propongo que trabajemos profundamente en nuestras propias creencias para aportar así a la construcción de una sociedad con otros valores.

Hay muchos ejemplos actuales. México es una comunidad en la que la creencia de que otro debe cuidarnos y resolver nuestros problemas está extendida. Hay madres que les piden a sus hijos que les regalen una camioneta. Ese pedido tiene implícita la idea de que haga lo que sea necesario para lograrlo. Inclusive entrar en el camino de la distribución de las drogas. Hay familias enteras que trabajan en el crimen sin pensar qué están aprendiendo sus hijos, solo buscan salvarse y cobrar una deuda intangible y desconocida por la sociedad.

En Argentina hay un marco de violencia creciente frente a una frustración basada en una serie de errores que tienen en común el no hacerse cargo y esperar que "alguien fuerte" lo resuelva para todos. En Venezuela hoy se viven situaciones similares… La comunidad está dividida, inundada de miedos, de separación y, en las polaridades, en las que personas y grupos se enfrentan con deseos similares de alcanzar un poder que les permita lo que para ellos es vivir mejor, sin importarles lo que les pase a los demás. Allí, los extremos se parecen.

Somos usados por la cultura y sus creencias. En algún momento podemos elegir si queremos ser usados por nuestros ancestros, por los juicios impuestos como maneras de ver el mundo por otros hace muchos años, y desafiar esos puntos de vista que nos son transparentes.

La conexión con el pasado es parte de nuestra humanidad; somos seres históricos. Agradecer el pasado, juzgarlo en su tiempo y en sus condiciones, e incluso aceptar las imperfecciones de nuestros ancestros permite aceptar las propias. También somos seres libres y podemos elegir, con gratitud hacia el pasado, nuevas maneras de pensar y de construir.

Thich Nhat Hanh (1997), un maestro vietnamita, budista y postulado a Premio Nobel de la Paz, escribió un poema que describe este fenómeno de la separación y de la posibilidad de la inclusión por medio del amor. Lo escribió en 1978 para ayudar a gente del sur de la China que trabajaba con sus botes.

No digas que partiré mañana
porque aún hoy estoy llegando.
Mira profundamente: estoy llegando
para ser un brote en una rama de la primavera,
para ser un diminuto pájaro en mi nuevo nido,
para ser una oruga en el corazón de una flor,
para ser una alhaja que se esconde a sí misma en una piedra.

Todavía estoy llegando, para reír y para llorar,
para temer y para tener esperanza.
El ritmo de mi corazón es el nacimiento y la muerte de todo lo que está vivo.
Soy una libélula metamorfoseándose
en la superficie del río.
Soy el pájaro que se abalanza para comerse a la libélula.
Soy una rana nadando feliz
en el agua clara del estanque.
Soy la culebra
que silenciosamente se alimenta de la rana.
Soy el niño de Uganda, todo piel y huesos,
mis piernas delgadas como ramas de bambú.
Y soy el comerciante de armas,
que vende las armas mortales a Uganda.
Soy la niña de doce años,
refugiada en un pequeño bote,
que se arroja al océano
después de ser violada por un pirata marino.
Soy el pirata,
mi corazón aún no es capaz
de ver y amar.
Soy un miembro del politburó
con mucho poder en mis manos.
Y soy el hombre que tiene que pagar
su "deuda de sangre" a su gente
muriendo lentamente en un campo de trabajos forzados.

202

Mi alegría es la primavera, tan tibia
que hace florecer en toda la Tierra.
Mi dolor es como un río de lágrimas,
tan vasto que llena cuatro océanos.
Por favor, llámame por mis verdaderos nombres,
para que pueda escuchar todos mis llantos y risas al mismo tiempo,
para poder ver mi alegría y mi dolor como uno solo.
Por favor, llámame por mis verdaderos nombres,
para que pueda despertar
y que la puerta de mi corazón
pueda quedar abierta,
la puerta de la compasión.

Comenzar a comprendernos en los otros, dejar que sean herramientas para vernos en profundidad es la piedra sobre la cual construir un futuro diferente.

Thich Nhat Hanh se refiere al Sangha, el espíritu de comunidad: amigos que practican de la misma forma. Se trata de una comunidad comprometida que nos recuerda cuando nos alejamos de nuestras promesas o nos olvidamos de que no estamos solos. Ella nos devuelve a una escucha honesta cuando nos quieren mostrar que no estamos allí, que estamos alejándonos de lo que declaramos.

Vivimos en una constante dualidad en la que disfrutamos del pertenecer, pero cuando queremos algo para nosotros, nos sale el "¿y yo? Ahora me toca a mí, debo pensar en mí", como si estuviéramos separados de los otros, y observamos que los otros ya no quieren decirnos cómo nos ven, se separan, se aíslan, y, en consecuencia, quedamos solos. Lo observamos en ellos, sin darnos cuenta de que el origen somos nosotros.

El Sangha también es una comunidad que nos ayuda a resistir a vivir a ciegas sin cuestionarnos, a correr por la velocidad misma, a elegir porque estamos compelidos a hacerlo. Sangha puede ser nuestra comunidad de creación de futuro y de disfrute de nuestra humanidad.

El amor parecería requerir de otro para completarse, al menos se completa en la conexión con otro. Esta conexión incluye la intimidad y la vulnerabilidad, la emoción que permite mostrarnos como somos y dejarnos impactar por el otro. No hay amor sin integración. Requiere de la aceptación no solo de amar, sino de ser amado. ¿Cómo podría aceptarse el amor sin comprender que el otro también nos ama? La no existencia de esta parte nos relaciona con el miedo, la soledad, la necesidad y la búsqueda. Los seres humanos requerimos de la conexión y, en ella, de la apertura y la entrega. Esta conexión permite la complementariedad y la felicidad como estado de ánimo de gozo y aceptación plena de lo que se está viviendo.

La felicidad se vive en cada momento. Vivir pensando que seremos felices mañana es una forma de engañarnos. No hay felicidad mañana sin aceptación plena del hoy y de lo que hay, sin gozar el camino de construcción casi tanto como de la llegada, sin aceptar las diferencias como parte del proceso y el trabajo de acercar a los que se alejan, porque en algún momento los que se alejen seremos nosotros. Solo podemos habitar el momento en el que vivimos. No hay mártires que construyan futuro porque, aun en el momento de mayor dolor, están conectados con la alegría de construir una visión. No hay razón allí afuera para no ser feliz.

Esta práctica influye fundamentalmente en nuestros estados de ánimo. Y ellos nos relacionan en forma directa con el futuro. Algunos nos abren puertas para ir por más, porque se puede. Otros nos cierran puertas y nos dicen que mañana no puede ser mejor, y que todo será como es hoy o "como fue siempre". Los estados de ánimo son contagiosos y los grupos humanos viven en estados de ánimo comunes. Si bien son reales, los pensamientos que los disparan no lo son. Son nuestras interpretaciones de las cosas, de lo que sucede, de la vida, las que nos llevan a este camino.

Vivimos hoy en un mundo que ha generado una nueva interpretación de qué es el amor. Se trata de una forma en la que la búsqueda de la felicidad se plasma en el "tener" como ilusión óptica. Nuestras nuevas definiciones de libertad basada en las libertades de mercado y políticas han generado un incremento de consumidores que buscan la satisfacción en lo que suponen la realización de sus deseos en un modelo que, además, exige que trabajen cada vez más, para producir más y consumir más. El amor se confunde con el mercantilismo de tener un objeto de amor como posesión, un objeto que otros admiren. En consecuencia, el mismo modelo nos lleva a que nada sea suficiente, a que lo mejor esté por venir, a que no podamos resolver hoy la soledad sino ahogándola momentáneamente con algún paliativo. Cuando los seres humanos actuamos así, buscamos escapar de la soledad y, al final, comprobamos que no hemos podido salir de ella.

Maturana describe al hombre como un "ser amoroso". Lo dice porque, como mamífero, nace inmaduro y necesita que sea la madre la que se acerque para alimentarlo. Si no existiera ese sentimiento, moriría. Reconoce que desde la familia ancestral aparece la convivencia, que se ha preservado a lo largo de los años y da como resultado que las personas crezcan desde la confianza de ser queridas.

La amistad, que también deriva del verbo amar, conecta una relación entre dos o más personas. Esa aceptación profunda del otro, como la de don Quijote y Sancho Panza, los tres mosqueteros, John Lennon y Paul McCartney, Vincent van Gogh y Paul Gauguin, Jorge Luis Borges y Adolfo Bioy Casares, muestra el nivel de entrega y valoración hacia la otra persona.

La educación es también responsable de la generación de este paradigma que hoy habitamos. Premiamos el conocimiento y abandonamos los valores de las actitudes humanas, de la formación en la convivencia, en la aceptación de las diferencias, que reemplazamos por la competencia, que en este modelo se basa en la comparación y en la generación de juicios de desprecio y minusvalía sobre el otro o nosotros mismos. Son juicios que no nos dan salida hacia la integración y la formación de comunidad.

Parte de esta tendría que ser la de aprender a superar la búsqueda de la satisfacción personal como centro y la inmediatez. La suposición de que la felicidad última está en el consumo, consumismo que se alimenta de la insatisfacción que se produce a los pocos minutos de haber consumido, genera un vacío que requiere de una nueva acción. Es la ceguera, la misma de antes, que vuelve a repetir el mismo círculo vicioso.

Pensar en el amor como la coincidencia plena y la ausencia de conflicto es parte de la falacia. Fundamentalmente porque buscamos castigar las diferencias con la amenaza de quitar el amor. Por lo que la posibilidad de que el otro represente un espacio para mostrarnos tal como somos, con confianza y entrega, se hace casi imposible. Necesitamos cuidar y mostrar la imagen para creer que nos sentimos queridos. Y es creer porque, en el fondo, sabemos que no es así. La confianza es base para poder correr riesgos, para crear mundos nuevos. El amor es la aceptación incluidas las diferencias. Es lo que nos permite reconocer errores, corregir caminos, inventar rumbos juntos e incluso crear dos caminos diferentes desde la aceptación y sin necesidad de destruir. Con todo eso lo que se puede adquirir está al servicio del ser humano en vez de volverlo esclavo. El amor incluye también el respeto por el mundo que habitamos, para que siga siendo el paraíso que nos sostiene. El amor se manifiesta en el dar. Un dar que no presupone el recibir aunque genere el mismo sentimiento en el otro.

El amor como base social nos permitiría vivir creando un futuro juntos, sintiéndonos más seguros y disfrutando la vida en este mismo momento, cuando la tenemos. Los futuros individuales se chocan entre sí, se superponen y se resisten. Cuanta más gente encuentre en ese futuro una posibilidad, cuanta más confianza pueda tener en ese futuro, más compromiso existirá con su creación. Comprender con profundidad la relación basada en el amor nos pondrá como aprendices en un arte complejo, en el que hay mucho que desandar y muchos nuevos caminos a crear; casi no lo conocemos… Nos lo hemos perdido en los vericuetos del control y de identidades cerradas y a la defensiva.

El amor social se relaciona con la solidaridad y se observa en ella como necesidad de generar o compartir lo que se considera bueno para los otros. En esta relación se considera del mismo valor la entrega de lo económico o de cosas, obligaciones y responsabilidades, así como de sentimientos, de emociones entre las cuales, posiblemente, la compasión ocupe un lugar preponderante. Esta última no vista como pena o conmiseración, sino como el compartir la misma pasión. La solidaridad incluye pensar en el otro como un semejante.

En países poco desarrollados, donde la necesidad de sobrevivir es lo fundamental, en general no hay una especialización laboral, por lo que cada uno sabe lo que tiene que hacer y no requiere de otros. El amor como vínculo, con todos sus asociados, la confianza, el respeto, etc., aparece entre los vínculos primarios, la familia, el clan. Por lo tanto, todo lo demás es ajeno, no tiene que ver con uno.

En las sociedades más desarrolladas, la interdependencia es una forma habitual de relación porque la especialización de los individuos genera la necesidad de otros para poder completarse. Aquí, la solidaridad aparece como vínculo social e idealmente puede extenderse a la humanidad toda. Las Naciones Unidas son un ejemplo de una institución solidaria más allá de banderas, límites, religiones, etc., que se basa en el concepto de solidaridad entre el género humano.

El amor puede ser nuestra base de acuerdos, de confianza, de creación, de inclusión. No es romántico; es pura práctica de una necesidad impuesta por el número de habitantes que requieren coordinar para generar juntos un futuro común, por un amor utilitario hacia la naturaleza que se dio cuenta del cuento y comenzó a replegarse. No requiere solo de medidas venidas desde la practicidad, sino de un profundo reconocimiento de su valía, desde el respeto, la responsabilidad, el cuidado, la consideración y la confianza.

La interpretación que le demos al sentimiento tan fundamental que genera las relaciones en nuestra vida marcará la calidad que ellas tendrán, y sobre ellas construiremos futuro. El amor como nexo es la argamasa de los vínculos, de su solidez, de su permanencia, más allá de la cercanía física. Los hace mutar entre diferentes tipos de amor, pero siempre mantienen la estructura, la relación. Volviendo al principio, la historia de Eros que nos creamos será la inspiración para este sentimiento de hermandad, de completitud, de cercanía.

CAPÍTULO 12

EL FUTURO EN NUESTRAS MANOS: HACIÉNDOLO

> *El mundo es de quien nace para conquistarlo y no de quien sueña que puede conquistarlo.*
>
> FERNANDO PESSOA

Con el placer de ensuciarse las manos, hace una corona con la harina en la mesa de madera. En el hueco vuelca la levadura disuelta en agua tibia y la sal. Va amalgamando sustancias; no sabe que está haciendo química. No imagina cómo impactan en la intimidad las moléculas de la levadura en la harina, pero sabe que eso está pasando. Goza el proceso aunque no lo vea completo. Parece que cada movimiento de su mano quiere crear una estructura que desplaza de manera intencionada hacia adentro, hacia afuera. Lentamente la masa va tomando consistencia. Elige si requiere más agua porque la siente pesada entre sus dedos. Agrega agua; amasa y a veces golpea. Lo hace con amor e intención porque quiere una delicia para los otros. Está en la seguridad de que alguien la usará de alimento, de placer, y allí está el objetivo de hacerlo. La envuelve en una tela, como quien arropa a un niño, para que descanse y crezca. En un rato, volverá, observará el tamaño de la masa, decidirá si ya está lista. Con total conciencia tomará la forma que le quiere dar a su obra. Hará los cortes en su superficie. El horno ya está en su concierto de calores y colores, en la danza de las llamas. Abrir la portezuela es como meternos en una fiesta a la cual no fuimos invitados. El calor nos empuja hacia atrás. Allí, y con cuidado, coloca la masa con una gran pala de madera. Ahora, a esperar..., solo cabe esperar. Cuando salga, ese futuro estará listo para disfrutarlo, degustarlo y asimilarlo, tanto como lo fue el tiempo de prepararlo.

Crear futuro pide un cuerpo preparado. Cuerpo, porque nuestras emociones y nuestros pensamientos, nuestros juicios, son parte del cuerpo. Querer analizarlos por separado nos pone en pedazos que permiten la comprensión de cada cosa pero nos engañan respecto del funcionamiento del todo.

Hubo una tradición revolucionaria en la que se rompían a tiros y pedradas los relojes de las torres de las plazas. En particular durante la Revolución Francesa, romper el pasado matando todos sus símbolos alimentaba la esperanza de un tiempo nuevo. Se hacía para cortar en forma drástica con un pasado doloroso y mostrar el comienzo de una nueva era. Escapar del pasado para crear futuro parte de una posición romántica y heroica que, a lo largo de la historia, no ha dado resultados. El pasado no está en los símbolos, sino en cada uno de nosotros. Romper con el pasado para darnos la esperanza de un futuro ilimitado es una fantasía de nuestra imaginación. Los ingenuos pueden seguir aferrados al pasado desde el odio y vociferar en contra de él como base de la creación de un futuro. Muchas veces el pasado es la gran excusa para ocultar el miedo profundo a hacernos cargo de nuestro futuro. El pasado debe ser incorporado y aceptado en la generación de futuro. Odiarlo no produce más que el aferramiento a él y a una emoción destructiva que no permite ninguna creación sino basada en divisiones. En general esas emociones se conocen como "movimientos reivindicativos" e invierten simplemente un orden, sin cambio de posición filosófica ni creación de futuro de ningún tipo.

La creación del futuro necesita un tiempo de reinterpretación del pasado, de su inclusión en la historia y una visión a largo plazo. Daniel Innerarity (2009) habla de la enfermedad política que se relaciona básicamente con el tiempo, con la inmediatez. Cuando así sucede, las decisiones y el diseño político están fundamentados en la reacción. El autor dice que hoy la izquierda es la que más teme al futuro y se aferra a derechos adquiridos y a símbolos de reivindicaciones históricas ya pasadas, porque no ha podido repensar un futuro más allá de una lucha y de la crítica. Este fenómeno puede verse en varios países latinoamericanos, en los que ciertos grupos fundan su discurso en la crítica, pero no tienen propuesta. Rompen, quieren romper, pero no pueden ir hacia adelante…

La aceleración en el consumo y la multiplicación y accesibilidad de los medios de información llevan a la interpretación de que el futuro es ahora. Los ciclos electivos, dice Innerarity, se aceleran tanto que todas las promesas están relacionadas con la idea de resolver y con la inmediatez. Sin embargo, de algún modo, todos sabemos que eso no funciona. Lo observamos en el descreimiento hacia la política y los políticos, el hecho de no poder distinguir que "la política" en sí misma no existe sino que se va haciendo en la interpretación de quienes la construyen en su diario quehacer. Es como criticar la calidad de un martillo para poner un clavo. Podremos tener el mejor martillo del mundo, pero si no somos hábiles para usarlo, no podremos cumplir con la misión. Hagámonos cargo de la responsabilidad social que podemos declarar y elegir.

Nos queda la oportunidad de sentirnos parte de esta sociedad y de comprender que el movimiento de cambio en el modelo de interpretación de cada uno de nosotros ofrece la posibilidad de un cambio afuera. Debemos dejar de esperar que sean otros los que hagan el futuro, debemos sentirnos y ser parte de esa construcción.

Antoni Brey y otros (2009), en *La sociedad de la ignorancia*, muestra que los modelos heroicos, basados en revoluciones humanas, pueden haber tenido alguna trascendencia con respecto al cambio; sin embargo, fueron los saltos cualitativos, aquellos relacionados con los cambios en la interpretación, como el uso del fuego, la Revolución Industrial o el desarrollo de las tecnologías de la información, los que tuvieron una influencia radical en la manera de comprender y relacionarnos con "la realidad", así como del modelo social. Nuestros modelos sociales están asentados en la cultura pero esta busca el mantenimiento de lo que hay –el *statu quo*– como zona de seguridad y certeza erigiéndose, así, en la primera fuerza que se opone al cambio. Aunque nos duela, esta resistencia cultural al cambio es un fenómeno conocido y, en la mayoría de los casos, preferimos defenderlo porque es menos comprometedor pensar que el cambio tiene que ocurrir afuera, en los otros, en lo otro.

Mandela declaraba que para concertar hay que romper con la manera tradicional e histórica de afrontar el conflicto. Con toda lógica decía que para construir paz hay que hacerlo desde la paz; para construir amor y respeto social debemos partir del amor y para crear confianza, hay que comenzar por confiar... Este maestro está mostrando que buscar destruir algo o hacerlo desaparecer no es crear futuro, es querer arreglar el pasado. Para crear futuro hay que buscar modelos más grandes que incluyan lo que ya existe. Ese modelo que surja con naturalidad resolverá lo viejo gracias a una nueva manera de interpretar para la creación de lo nuevo. Las revoluciones buscan romper lo viejo. Las evoluciones lo llevan consigo y queda resuelto en el camino de la nueva construcción.

En las colonias inglesa y holandesa de Sudáfrica, el sistema de valores se construyó sobre la base de la raza y los gobernantes eran blancos. Este paradigma vivió sin organización legal hasta 1949, cuando el Partido Nacionalista que tomó el gobierno lo legalizó. Lo hizo como continuación del presupuesto de que el progreso del país solo podía estar manejado por los blancos.

Estando en la cárcel, Nelson Mandela encontró un modelo para cambiar la cultura de su país y se apoyó en él para su propuesta de cambio. Se relacionó con Don Beck, uno de los grandes coautores y difusores de la teoría de la Dinámica en Espiral, desarrollada en sus orígenes por Clare W. Graves. Graves no alcanzó a terminar su libro. Sus sucesores: Chris Cowan, Natasha Todorovic y William R. Lee, compilaron su material y dicen, en una página web, haber escrito el libro que Graves hubiera querido escribir. Esta teoría desarrolla el proceso complejo entre un orden y un caos necesario para la creación de un nuevo orden.

En *¿Juega Dios a los dados?*, Ian Stewart (1989) describió la historia en ciclos que se relacionan como una escalera en espiral y permiten llegar a un nuevo orden. Si imagináramos los ciclos en un movimiento pendular, no podríamos observar complejidad y no habría escalera de aprendizaje.

Don Beck (1991) escribió un libro en el que documenta sus innumerables viajes a Sudáfrica. Al terminar el *apartheid* durante la presidencia de Mandela (1994-1999), su trabajo se centró en conocer la escala de valores sobre la que se basaba el movimiento separatista: clase social, grupo étnico, género, a fin de cambiarlos por otros que permitieran a los habitantes identificarse como sudafricanos. Encontró la oportunidad en el equipo sudafricano de rugby, en el cual se desempeñó como coach psicológico para apoyar el cambio. Mandela buscaba una sociedad integrada y hermanada por valores de respeto y responsabilidad mutua. Nunca fue contra lo que había, sino que aspiraba a un cambio más profundo y proveniente de la elección de nuevos valores.

Don Beck había conocido al psicólogo estadounidense Clare W. Graves [1914-1986] quien, durante muchos años, había encuestado a sus alumnos para averiguar cómo caracterizaban a un adulto maduro. Encontró miles de respuestas diferentes que, no obstante, tenían algo en común: algunos ponían el foco en la comunidad, el "nosotros", y otros lo definían desde lo personal, el "yo". A partir de allí comenzó a inferir un proceso de complejidad del comportamiento, inspirado en diferentes valores. Graves describió tres estratos de valor: los de la vida cotidiana o valores de superficie, los enmascarados o implícitos: los ocultos, y los que forman el paradigma y resisten el cambio: los profundos. Así pudo describir esta evolución de la psique humana hacia una visión cada vez más integradora, trascendente, holística, compleja, que sigue en construcción y no tiene límite. Cada etapa ofrece una mirada sobre el mundo y contiene valores propios de ella. Se acuñó el nombre de Vmeme (en inglés: *Vmem*), en un juego con la palabra gen, dado que los humanos actuales conocen y pueden volver a funcionar desde modelos culturales más simples y anteriores, de acuerdo con las circunstancias del medio y su manera de percibirlo. En consecuencia, es como si esos modelos culturales se transmitieran en forma "memética" (haciendo alusión a una transmisión al estilo genético). En *The Evolving Self*, Mihaly Csikszentmihalyi (1993) utiliza el término "memes" para identificar los orígenes del comportamiento humano, en contraste con "genes", que se refieren a las características físicas.

A cada Vmeme le han dado un nombre asociado con un color y hasta ahora se describieron ocho. Estos se agrupan, además, en los llamados "bucles", que marcan un cambio importante en la percepción. Los primeros seis corresponden a un enfoque en la subsistencia; los otros dos tienen una orientación al ser.

Primer bucle, orientado a la subsistencia:

1. El beige (búsqueda de satisfacción de las necesidades fisiológicas).

2. El violeta (seguridad en el seno de la tribu).

3. El rojo (satisfacción de los impulsos propios).

4. El azul (jerarquía y aceptación de las reglas).

5. El naranja (libertad de acción para obtener el éxito personal).

6. El verde (en armonía y paz con los demás).

Segundo bucle, orientado al ser, al existir:

7. El amarillo (independencia, conocimiento, flexibilidad y funcionalidad para desarrollar la vida).

8. El turquesa (conectado a toda vida para restaurar la armonía global).

Beck opina que aún hay un 10 por ciento de la humanidad que transita por el nivel violeta. El 20 por ciento en un mundo en el que se valoran la fuerza y el coraje, el dominio personal, y transita el nivel rojo. Un 30 por ciento de la población está en el mundo azul que defiende y ama el orden y la jerarquía. Un 30 por ciento está en el naranja, donde aparece la ambición personal y expresa su yo buscando no desencadenar la agresividad de los demás. Un 10 por ciento transcurre hoy en el verde, donde buscan consensos como base social (agregando que los recursos naturales son comunes a la humanidad). En el segundo bucle, mucho menos transitado aún, existe un cinco por ciento que atraviesa el amarillo para buscar independencia, conocimiento, flexibilidad y funcionalidad para vivir, y el turquesa con 1% de la humanidad, y que el nivel de poder que se mueve desde este modelo, es el 1% del poder del mundo para restaurar la armonía global.

Según este modelo, el cambio se produce a partir de la crisis que aparece cuando un sistema de valores y una manera de ver el mundo no bastan para superar una situación difícil. Esas crisis generan el caos necesario para que se pueda dar este salto cualitativo. Es recién en ese momento cuando el ser humano se halla en condiciones óptimas para hacerlo.

El modelo puede emplearse para impulsar la transformación en diversos campos, incluidos los negocios, el liderazgo, la política e incluso las estructuras familiares.

Hoy vivimos un cambio trascendental, en el cual la combinación de tierra, trabajo y capital vive el sismo de la incorporación de una variable más: el conocimiento. La velocidad y la complejidad adquiridas a través de máquinas que pueden procesar la información y el conocimiento, con un acceso libre e inmediato, han roto jerarquías y generado una sociedad más apoyada en la red. Hoy los sabios son quienes saben dónde buscar el conocimiento más que poseerlo. Estamos gestionando la complejidad de manera convulsionada y turbulenta, que incluye a la globalización y conduce a un cambio profundo en la manera de comprender las relaciones entre las personas.

Conocer, así como saber, no plantea una relación con la verdad. Recordemos que, como seres simbólicos y gracias a la palabra, no podemos ver la "realidad" sino acceder a una "realidad" que corresponde a nuestra propia capacidad de observar, de hacer conexiones históricas y con nuestros deseos. Para algunos, cuando la información pasa por una etapa de elaboración por una mente pensante se la denomina saber. Sin embargo, dice Antoni Brey, el exceso de información y la incapacidad de filtrar fuentes y datos nos han hundido en un mar de ignorancia en el que hoy intentamos nadar.

Por ello, para la generación de un futuro diferente a nuestra "realidad" nos acompaña la incertidumbre, con todas las emociones asociadas a ella: el miedo, el desconocimiento, la curiosidad, la inseguridad. La relación con la incertidumbre requiere que podamos soltarnos de lo que siempre nos ha sostenido, y pararnos sobre la confianza en nuestras habi-

lidades y la capacidad de aprender; la historia nos muestra
que los seres humanos lo hemos logrado una y otra vez. Es
imposible vencer la incertidumbre con el conocimiento; si
ya lo supiéramos, tal incertidumbre no existiría. La relación
con las condiciones inciertas se establece con la confianza y,
fundamentalmente, con la confianza en quienes somos, en
nosotros mismos; en cuántas otras veces ya lo hemos hecho.
Recurrir a aprendizajes anteriores y recordar esas emociones
puede darnos las fuerzas requeridas para emprender. La
relación con el error es la base del aprendizaje. Cuando el
error avergüenza, cuando se quiere justificarlo, esconderlo
o encontrar explicaciones que nos liberen de culpas, estamos lejos de aprender. La velocidad para reconocer que lo
emprendido no nos lleva adonde queremos ir es parte del
proceso de construcción. Es un proceso que requiere ser
recordado, porque así hemos aprendido en la niñez, y en el
que siempre se eligió la experiencia sobre la cual apoyarse
en vez de defender los porqués y las emociones asociadas a la
vergüenza por sentirnos menos por no haber tenido el valor
de evitar el error. No hay aprendizaje sin error. La emoción
de la vergüenza lleva a la necesidad de esconderse, de dar
explicaciones vanas. No deja que tomemos posiciones de
dignidad y de reconocimiento de lo que ocurre porque se
asocia el no saber al ser. Interesante proyecto que los líderes
buscan superar cuanto antes. El ser se agranda en los procesos de aprendizaje, y la habilidad para despegarse de esas
emociones permite reconocer que son aprendidas de una
cultura que exige que los adultos sepan y no se equivoquen.
La necesidad de vivir en las certezas, de programar a corto
plazo, surge entonces como la solución con la que un ser se
defiende de ser juzgado como insuficiente por los demás.

Es también cultural nuestra relación con las crisis. Todo
período de estabilidad proviene de una crisis y se dirige a

otra crisis. Porque nada se mantendrá de la misma manera. Las crisis no ocurren afuera; no tienen que ver con lo que ocurre porque, simplemente, ocurre. Las crisis, que vivimos como si fueran lo atípico, son lo habitual en cualquier elemento en desarrollo.

La crisis es nuestra y ocurre entre lo que observamos que ocurre y lo que querríamos que esté ocurriendo. Tan nuestra como que lo que sabíamos, lo que siempre hicimos, lo que parecía que resolvía, hoy ya no está. Se la define como una "coyuntura" de cambios que muestra inestabilidad y está sujeta a evolución. Aquello cuya evolución reconocemos es considerado más como una reacción; como sucede, por ejemplo, con los procesos fisicoquímicos.

Toda crisis implica un cambio. Este manifiesta una observación hecha por alguien que dice que algo ya no es igual a como era. No hay allí afuera, en el mundo, un cambio bueno o malo. Hay cambios. Hay alguien que puede decir que lo que estaba ya no está o está de manera diferente. Para algunos las crisis pueden durar años, porque siguen comparando con lo que querrían que estuviera sucediendo en vez de observar lo que sucede y reconocer que han cambiado las reglas de juego.

Se asocia el cambio a la evolución y a la revolución. La palabra *evolución* reconoce un origen en el latín, cuando los documentos y los libros se leían en rollos que había que desenrollar para acceder a su contenido. *Volvere* quiere decir dar vueltas. Sin embargo, hemos "evolucionado" juntamente con la palabra y muchas veces le damos al término un sentido de madurez, de mayor complejidad y de desarrollo. Cuando lo usamos para hablar de cultura, parece que estamos comparando la evolución con pasos hacia la complejidad, aunque en general, y en forma errónea, queremos decir que la cultura "mejoró".

En cambio, *revolución* significa "volver a girar". Se la usaba para expresar algo muy cercano a su significado original, cuando se hablaba de "revolución de los cuerpos astrales" para explicar sus movimientos. Es probable que haya derivado hacia un sentido sociopolítico a partir de la Revolución Francesa. No indica necesariamente una evolución, sino más bien la vuelta a algo que estaba antes: *re-volución*. Si bien las revoluciones producen cambios súbitos y violentos, no siempre están asociadas a la evolución. Muchas veces, solo "revuelven"…

Las crisis duran el tiempo requerido para reconocer que la medicina anterior no es aplicable, terminar con una etapa en la que se discute si puede ser o no, si está bien o mal que pase, si lo merecemos o es injusto. Algunos describen crisis que duran años, lo que significaría crisis crónicas, mientras que nosotros las describimos en relación con el cambio. Una vez que ya cambió… ¿de qué crisis hablamos?

Luego de la sorpresa que las crisis nos producen, es importante llegar a la evaluación de la nueva realidad, al reconocimiento de lo que ocurre, a la pregunta fundamental sobre cuál es nuestro compromiso y al diseño de nuevas acciones.

Las crisis nos confrontan con el espacio del *no saber*. Un juego inconsciente y antiguo que nos impide reconocer que en el mundo de hoy escasean los saberes seguros. La incertidumbre tiene que ver con aquello a lo que no tenemos acceso y también con la posibilidad de dudar de lo que creemos saber y explicar. Mientras más sabemos, más conscientes somos de todo lo que ignoramos… Por lo que gestionar el conocimiento incluye la gestión del desconocimiento. El conocimiento ya no es solo acumulativo, que crea una lógica relación con lo que ya sabemos; hoy en día el conocimiento crea crisis y repreguntas frecuentes, e implica cada vez más el reconocimiento del espacio del *no saber*. El conocimiento es solo una nueva manera de ver el mundo, que puede ser modificada por nuevos conocimientos. La ignorancia no se puede reducir; al punto de que quien discute saberes antagónicos con lo que se expresa demuestra más la relación con lo que se ignora. Sócrates afirmaba que la ignorancia creaba la ilusión de saberlo todo y que, por el contrario, la sabiduría daba la verdadera e inmensa capacidad de apreciar la distancia entre lo sabido y lo por saber. De allí su frase "solo sé que no sé nada". La apertura al aprendizaje es el camino inverso a la petulancia de creer que ya se sabe.

Por ello es que en el diseño de futuro la gestión en la incertidumbre no se resuelve con el saber, sino con el ser, con el nivel de confianza hacia la capacidad de aprender, la relación con lo desconocido, la confianza en la construcción con otros y el saber de otros.

Incluso Karl Marx (1959) habló de "crisis cíclicas" al explicar la sucesión de ciclos económicos en el capitalismo y describió etapas de crecimiento y de estancamiento. Termina diciendo que las causas de las crisis son la pobreza y la restricción para las masas.

El futuro estará basado en decisiones tomadas desde la ignorancia, lo que significa que es necesaria una nueva forma de aprender a decidir con un nuevo modelo de análisis, justificación y legitimación. Es parte del dilema y de la elección de hasta dónde nos moveremos, cómo, con qué riesgos. El tema no radica en la gestión del conocimiento sino, fundamentalmente, en la gestión del desconocimiento.

Si no cambiamos la relación con el saber y el no saber, si seguimos castigando en forma cultural el *no saber*, ¿cómo haremos para movernos en aquel espacio? Innerarity declara que "la paradoja es que la sociedad del conocimiento ha acabado con la autoridad del conocimiento". Esto afecta el poder, rompe el principio baconiano de que el saber fortalece el poder; hoy ha ocurrido una pluralización y dispersión del conocimiento que desmonopolizó y dispersó el saber. Este está al alcance del que quiera aprender. La ignorancia puede ser un recurso.

Lo dicho representa una muestra más de la complejidad de la toma de decisiones acerca del futuro. Los interrogantes del estilo cómo, cuándo y dónde son inútiles en la adivinación, sobre todo si queremos un futuro que no sea continuación del pasado. Cuando las expectativas están limitadas por lo que existe, así como cuando son ilimitadas, el marco en el cual encarar el futuro se complica. Como el futuro no existe afuera, sino que es producto de una creación que utiliza el viento de las circunstancias, hay modelos que permiten desarrollar la capacidad estratégica de pensar en el futuro. La planificación tradicional se apoya en la experiencia previa, en lo que ya se sabe y en la eficiencia hasta el momento. Sin embargo, estos modelos convencionales no consideran la variedad de condiciones y situaciones imprevistas que pueden influir y crear sorpresas incontrolables. Nuestra ceguera para pensar en aquello que queda fuera de lo conocido, sumada a los éxitos pasados y a la eficacia, puede llevar a fracasos en este mundo cambiante, incluyendo la desaparición de empresas.

Imaginar mediante los escenarios de futuro

La metodología de escenarios de futuro es una opción lúdica e inteligente para imaginar futuros. Permite combinar elementos que se quieren conservar con la incertidumbre de consecuencias futuras de una decisión. Mezcla, además, datos cuantitativos y cualitativos para la toma de decisiones y, sobre todo, genera entre quienes participan una manera de relacionarse con el porvenir que amplía su manera de observar y abordar lo desconocido. Tomar en cuenta información tan diversa, y de manera sistémica, lleva a mejores elecciones, además de haber elegido un futuro compartido, lo que lo hace más factible, como ya sabemos que sucede cuando se involucra a muchos protagonistas.

La metodología de escenarios de futuro, en una escala de niveles de incertidumbre que va de I a IV, llega a grados II-III. El nivel I es muy cercano a lo probable; el nivel IV se calcula de modo más matemático y se lo reserva para estudios de alta tecnología y complejidad. Por lo tanto, no es recomendable usar la metodología de escenarios de futuro cuando se requieren datos estrictos, como para viajes al espacio, que entran dentro del grado IV, pero es una excelente herramienta en el diseño de futuro de compañías, ONG, gobiernos que quieren pensar a largo plazo y diseñar en lugar de limitarse a corregir. Además, la variedad y la capacidad estratégica de generar futuros variados, múltiples, alternativos y en todos los casos plausibles permiten evaluaciones mucho más acertadas. Es una técnica para tomar decisiones frente a lo incontrolable, que permite generar mayores resiliencias en el manejo de situaciones impredecibles. Escenarios de futuro incluyen beneficios como un mayor conocimiento de las incertidumbres cuya importancia es fundamental, la incorporación de alternativas, y una mayor posibilidad de haber incluido ideas y consideraciones con respecto a situaciones imprevistas.

El método incentiva la creatividad frente a futuros complejos e inciertos. Se desarrolla inventando futuros posibles que incluyan y se inspiren en las no certezas más importantes que podrían ocurrir más que en una idea o una predicción. Esta última es la mejor estimación posible para el futuro y cuanto menos sensible sea a los elementos clave mejor será su probabilidad de ocurrencia (Mac Cracken,

2001). Muchas decisiones, al tomarse desde la "lógica", se basan en predicciones y pronósticos. Esto sucede porque, en la distribución de probabilidades, es de suponer con estadísticas que estas caerán dentro de estos parámetros. Sin embargo, la historia está plagada de hechos que demuestran que la incertidumbre juega un rol fundamental y que el marco anterior queda pequeño frente a las circunstancias.

Respecto de la incertidumbre, algunos prefieren ignorarla y aferrarse a lo ya sabido. Otros se paralizan a causa de los análisis –y cavilaciones– que, en lugar de contribuir, les inhiben en la decisión y la acción. Cuando se la puede observar como oportunidad, la incertidumbre lleva a la humildad de reconocer la ignorancia frente al futuro. Con ello, el trabajo conduce a la tolerancia de ideas, a la inspiración de modelos alternativos de cómo podría ser el mundo.

Escenarios es una metodología descripta en primer lugar por Herman Kahn (1967) que lo hizo para la Rand Corporation sobre la base de estudios militares y de estrategia durante la década de 1950. Algunas décadas más tarde, Arie de Geus (2002), presidente de la empresa petrolera Shell, mostró que la toma de decisiones era tan fundamental para este tema como la construcción de escenarios. Describe los futuros que podrían ser en lugar de focalizarse en algún posible futuro y se cuenta como historias del futuro, que tienen el mismo peso que las historias del pasado que nos contamos. Estos relatos narran una visión y proponen opciones respecto de la posible influencia de los elementos del cambio, muestran posibles implicancias y más caminos de acción.

El análisis de tendencias agrega factores que, desde la lógica, podrían no haberse tomado en cuenta y considera lo cuantitativo y lo cualitativo. Cuanto más bajas sean las incertezas, la duda, la ignorancia y mayor control tengamos, más cerca estaremos de manejarnos dentro de nuestro modelo habitual. Cuando la ausencia de certeza aumenta pero sigue siendo controlable, a lo que la mayoría apuesta, aparece la capacidad de adaptarse al cambio. Si queremos poder jugar un juego a largo plazo frente a la no certeza y a lo incontrolable, el proceso de escenarios es una herramienta ideal.

Este proceso nos presenta opciones múltiples, porque se generan diversas posibilidades para una misma situación, y estimula la divergencia en el pensamiento. Nos permite también elaborar una continuación del presente hacia el futuro, porque nos ofrece herramientas para trazar el camino. Cada escenario es guiado por diferentes factores (más de uno) y perspectivas que debemos considerar dentro de las mismas ideas. Para descubrir alternativas e ideas, es conveniente incluir los escenarios catastróficos, aquellos que nos llevan de manera inevitable a un nuevo comienzo y a volver a aprender todo.

Para construir escenarios se requiere que formulemos una pregunta que tenga trascendencia y relevancia. La elaboración de la pregunta es tan importante como el desarrollo posterior porque cuando se responden preguntas cuya respuesta se supone, la construcción del escenario solo es útil para buscar certezas. Luego se trabaja con un análisis de tendencias minucioso, que involucra factores generales como los políticos, económicos, ambientales, tecnológicos y los sociales, así como aquellos específicos del negocio o tema en discusión. Estas tendencias no son verdades, pero nos permiten ver direcciones hacia las cuales podemos dirigirnos y que, además, podemos tomar en cuenta para cambiarlas. Hay algunas que muestran hechos que debemos considerar, como el envejecimiento poblacional, la globalización, Internet, la democratización, el respeto o el reconocimiento de diferentes culturas. Estas tendencias cambiarán realmente el

224

futuro de lo político, lo económico, lo laboral. Sin embargo, pueden aparecer otras que trabajen en contra de estas o las anulen, y hagan que el futuro no esté tan predeterminado.

En una fase posterior se combinan las variables y se pasa a la construcción de futuros. Estos pueden ser muchos, variados y su caracterización es un ejercicio poderoso de estiramiento de mapas mentales. Una vez elegidos los futuros más interesantes por alguna metodología, se puede afrontar el paso siguiente. Nosotros utilizamos en una primera instancia la selección de ideas por probabilidad e importancia.

Es interesante comprender qué modelo de observación se requiere para crear un nuevo futuro, qué temas emergentes se deben tener en cuenta. Es posible que nunca ocurran, pero si lo hacen sus consecuencias pueden ser radicales.

Los escenarios más probables y más relevantes por su incidencia son dignos de considerarse en primer lugar. Sin embargo, pueden ser imaginados también por otros, y aquí se pone de manifiesto que la habilidad y la velocidad de construcción juegan un papel fundamental. Aquellos escenarios poco probables pero muy importantes en general están relacionados con los grandes cambios y podemos identificarlos como los "cisnes negros" que mencionamos en páginas anteriores. Son ideas que cambian una realidad, un mercado, una manera de observar de la sociedad. No son ideas que provienen de la lógica, pero cambian puntos de vista, maneras de observar. Una vez elegido el futuro, comienza la tarea de realizar el planeamiento y la estrategia conducentes a hacerlo realidad.

El resultado más interesante de este trabajo consiste en imaginar la construcción de un futuro; no en desarrollar una visión de futuro "adivinado y preciso", sino en conocer las imágenes que se nos despiertan en este proceso creativo, tanto conscientes como inconscientes, es decir, en generar imágenes nuevas. Estas constituirán la base para decidir nuevas acciones, porque ha cambiado la manera de observar el futuro y quienes lo han hecho lo sienten como propio. Desde esta visión se cambia también la relación con el presente, con lo que está ocurriendo y con el sistema de toma de decisiones.

En las últimas décadas se creó un mundo basado en la información, que se ha desarrollado a partir de redes que ponen el acceso al conocimiento al alcance de muchos, además de cambiar el lugar del poder hacia la gente común, que hoy puede expresarse, comunicar, producir conocimiento y buscarlo con libertad. El poder así entendido no tiene que ver con la acepción de autoridad con la que se confunde, sino con el verbo, que implica la acción de construcción.

La relación con el futuro no es solo una relación de obtención de resultados. En general, cuando el foco se pone en los resultados, el medio más considerado es la estrategia del tipo del planeamiento estratégico. Esta metodología es sumamente útil cuando los tiempos y los cambios son lentos. En la actualidad, no alcanza para la velocidad de cambios y las posibilidades un plan que no considere constantemente lo que pasa afuera y todo lo que podría llegar a pasar, incluida la gente que lo esté haciendo. Es momento de usar métodos como escenarios de futuro.

Cuando simplemente se diseñan estrategias, se niegan sentimientos, emociones. Cuando se piensa en futuro, nos "pasan cosas" en el cuerpo. Si somos artífices del futuro, si compartimos su creación, aparecen pasión, posibilidad, entusiasmo… una razón para vivir. El ser humano muchas veces da la vida por un sueño; la historia está llena de nombres de mártires que decidieron que valía la pena morir por algo tan amado. Esa pasión, ese sentimiento muchas veces unido al amor, impulsan a lo desconocido al cambiar el nombre del miedo por curiosidad y con la disposición a pasar por momentos difíciles a cambio de la posibilidad del logro.

El futuro se ve diferente de acuerdo con el lugar en el que nos paramos como observadores; puede ser desde la tecnología, la música, la política, pero también desde la autoridad, la razón, el empirismo, por ejemplo. Por ello, no podemos mirar el futuro como algo que está o sucede afuera: ocurre como un proceso dentro del observador, aquel o aquellos que lo vislumbran, lo expresan y lo crean con sus acciones y sus conversaciones.

Una manera de creer que podemos adelantarnos al futuro es copiar. Tomemos por caso un modelo exitoso en otros momentos históricos. Japón y Taiwán son buenos ejemplos de ello. Hoy en día, cuando pensamos a largo plazo debemos abandonar la idea de la copia, con más razón si omitimos agregar valor a lo ya existente.

El futuro se crea a corto plazo por medio de estrategias. A medida que el futuro se aleja, también lo hace la posibilidad de construirlo desde el control. Las metáforas, las historias sobre el futuro permiten expresarlo y organizar la acción para que suceda.

La inclusión de otros trae implícita la relación con las diferencias. La dificultad de interpretarlas como aporte es una carga cultural fortalecida en la separación desde el "yo". La visión compartida genera espacios compartidos, y eso crea energía común y un mejor lugar para la toma de decisiones. Desde allí no se decidirá en función de lo que está bien o mal, que representa el pasado y el mantenimiento del "más de lo mismo", sino en función de lo que se quiere crear por medio de la decisión. La misión, la manera de ser y la identidad de la organización son claras cuando son explícitas y compartidas. Si es compartida, la visión de nuestro propósito genera decisiones que permiten acercarse, y crea espacios de aprendizaje y de pasión por el logro. La planificación orientada hacia la observación de lo que podría suceder en el futuro lleva a esas preguntas que nunca se han hecho antes y generan no solo alternativas, si las cosas suceden, sino también un estiramiento paradigmático en la manera de pensar. El impacto de los ámbitos sociopolíticos, económicos, ambientales y tecnológicos en las consideraciones del futuro a largo plazo da una impresión más clara de cómo está cambiando el futuro y a qué se estaría acercando.

No se puede crear el futuro de manera exacta, como si existiera la adivinación, pero se pueden crear imágenes del futuro. Estas imágenes contienen, además, una carga emocional, un despliegue de la imaginación y un conjunto de valores y percepciones, y cierto dejo premonitorio. Esas imágenes son la base desde donde se tomarán las nuevas acciones, porque ha cambiado la manera de observar el futuro y los que lo han hecho, lo sienten como propio. Desde esta visión, se cambia también la relación con el presente, con lo que está ocurriendo y con el sistema de decisiones.

Pensar en el futuro nos lleva a crear imágenes, metáforas. Viktor Frankl ya decía que la neurosis era producto de no tener un sueño, más que de la interiorización de la sexualidad, como declaraba Freud. Hacia ese futuro también nos empujan la tecnología, los cambios, incluidos los demográficos, políticos, sociales, culturales. A todo esto se oponen la cultura y las estructuras, que nos llevan al mantenimiento del pasado y de los espacios de seguridad. Por eso las preguntas nos llevarán a la creación del futuro, pero también el análisis de qué nos hace preguntarnos lo que nos preguntamos. Cuando las preguntas contienen las respuestas o cuando estas son cercanas a lo que ya conocemos, estamos pensando el futuro como continuación de lo que ya existe.

Cuando las preguntas no tienen respuesta y podemos quedarnos en ese espacio, la respuesta que aparezca a través de los ejercicios de escenarios, por ejemplo, será una respuesta nueva a realidades nuevas.

La intuición es una forma interesante de lectura del futuro para tomar en cuenta. Cuando se la usa después de haber hecho ejercicios de escenarios, ella trae de la mano una opción que incluye elecciones de vida y puntos de vista sobre el mundo más expansivos. Implica también una confianza en el largo plazo, en algo más grande que lo individual y lo temporal, una confianza en la inteligencia del sistema, y en los otros y los valores como inspiradores. Genera un futuro donde se aprende en todos los niveles relacionales; no solo con otros que estén a nuestro alrededor sino con el mundo en general.

Aun sin quererlo, vamos hacia el futuro. Hacia qué futuro nos estamos dirigiendo es un asunto de elección, consciente o no; responsable o irresponsable. Cuanto más claro esté ese futuro en cada uno de nosotros y en aquellos que irán en grupo, con más rapidez se acelerará y facilitará un cambio de dirección cuando esta no esté llevando al resultado deseado, y se permitirá una coordinación más adecuada de su construcción.

CAPÍTULO 13

¡HASTA LUEGO!
EN ALGÚN LUGAR DE LA VIDA...

El buen liderazgo consiste en hacer menos y ser más.

TAO-TE CHING

Hace muchos años me contaron una historia más o menos así:

Había una vez en la que las emociones y los sentimientos habitaban juntos un hermoso lugar. Era casi un paraíso donde cada uno tenía una casa tan representativa de su dueño que quien fuera podía adivinar de quién era.

La Tristeza tenía una casa de techos a dos aguas muy largos, las ventanas inclinadas como párpados y estaba ubicada en la zona donde más llovía. La Alegría estaba en el medio de la ciudad, por donde todos pasaban; siempre había música, colores, y muchas personas entrando y saliendo, aunque otros solo la miraban desde fuera.

También estaba la casa de la Vanidad, que era la más alta de todas, la más lujosa y siempre en obra de mejora, imitando a las que iban arreglando. El Miedo tenía una casa pequeña, donde vivían muchos que casi nunca salían y estaban grises de no ver el sol.

Una vez, ocurrió una gran tormenta y la lluvia y el viento azotaban sin descanso. Las pérdidas eran evidentes y las autoridades pidieron que evacuaran la zona. Todos se sentían muy mal de dejar allí sus posesiones, más aún porque no sabían si iban a recuperarlas. La Vanidad fue la primera que recogió y se llevó el maquillaje y sus cosas más caras; muchas no le servirían para nada, pero aun así intentaba llevar más y más. La Tristeza estaba muy ocupada en seguir llorando porque ahora tenía más razones. El Amor daba una mano y ayudaba a todos los que podía. A tal punto que cuando casi todos se habían ido, el Amor se dio cuenta de que ya no podía salir de allí…

> *Cuando el Amor percibió su soledad y su imposibilidad de salvarse, apareció un hombre mayor que, sin decir nada, lo tomó de la mano y, sabiendo caminos extraños, lo sacó de allí. Ya a salvo, el Amor agradecido le preguntó quién era y él le contestó que era el Tiempo.*
>
> *Al llegar a donde estaban refugiados todos los demás, el Amor le preguntó a la Sabiduría por qué el Tiempo lo había salvado, a lo que ella le respondió: "El Tiempo es el único que puede ayudar al Amor a llegar a lo que parece imposible".*

Para pensar a largo plazo, se requiere de una revaloración de la existencia individual y de la capacidad de aportar, y una lectura social, como medio para la construcción del futuro. Así como comenzamos este libro con una apreciación del mundo hecha por los mayas, que podían imaginar hasta 2.400 años después de su existencia, algo nos ha sucedido, a lo largo de tantos años de historia construida por nosotros como seres humanos, que hace que la noción de separación, la valoración del yo y el miedo nos han dejado aislados y con mentalidad cada vez más dirigida al corto plazo. La pérdida del espíritu de manada ha transformado la muerte de alguien en una situación trágica e irreparable. En nuestra cultura occidental, lloramos las muertes de seres cercanos como pérdidas irreparables y muchas veces imposibles de superar. Tal vez hayamos olvidado la trascendencia que sucede en la continuación de algo de ese "nosotros" en los genes que rebotan desde hace millones de años y que hoy nos constituyen, así como en los millones de genes nuestros que seguirán rebotando en otros; también en la contribución y la mayor complejidad memética que hagamos y que generará otras maneras de ver el mundo.

Algunas civilizaciones y religiones invocan la resurrección y la reencarnación como medios para explicar la trascendencia. La resurrección es volver a la vida siendo quien se ha sido, con el mismo cuerpo, con su misma constitución. Es un concepto muy antiguo que explica mediante un poder divino la posibilidad de retornar a la vida después de muerto. Algunos dicen que Jesús fue quien resucitó y volvió en cuerpo y alma, pero con el poder de traspasar las cosas. Sin embargo, hasta aquí, la resurrección, exista o no, no ha terminado con la muerte; en última instancia, todo lo que ha vivido desaparece.

La reencarnación, en cambio, es volver a la vida como espíritu en diferentes cuerpos. Algunos no creen en el espíritu en cuanto ente separado y suponen la reencarnación solo desde la materia (metemsomatosis).

La noción de transmigración de las almas existe en todo el mundo en muy diversas religiones, como el budismo, hinduismo, jainismo, en el hasidismo hebreo, y en culturas como las de los esenios, fenicios, aborígenes australianos y de Alaska, entre muchos otros. En el cristianismo, el Concilio de Constantinopla (año 553 d. C.) negó la idea de la reencarnación. Los hindúes dicen que el alma vagabundea entre muchas encarnaciones superiores o inferiores, de acuerdo con los méritos obtenidos por la persona durante su vida. Así aparece el karma, en cuanto energía generada por las buenas y las malas acciones, y que siempre estamos pagando o disfrutando. Los egipcios suponían que cuando eran juzgados por los dioses sus actos eran pesados en comparación con una pluma.

La diferencia entre la resurrección y la reencarnación, entonces, parece ser que la primera es una sola, ocurre en el mismo cuerpo y "siendo la misma persona", y la segunda es una historia de muchas vueltas a la vida, con poca o ninguna memoria de la existencia anterior. Ambas buscan una explicación que permita un consuelo de eternidad para nosotros.

La ciencia ha demostrado que compartimos genes del hombre primitivo. Se considera que nuestro origen, si bien se encontraron restos asociables al comienzo de la evolución hacia lo humano en Pakistán con una antigüedad de casi dos millones de años, viene del *Homo sapiens*, que vivió en África hace 60.000 o 75.000 años. Todos descendemos de esos primeros humanos que fueron migrando y extendiéndose con éxito por el mundo; los cromosomas así lo demuestran. El cromosoma Y, que determina el sexo masculino, escapa al proceso de recombinación generacional y solo cambia por mutaciones azarosas. Nos permite el viaje ancestral a partir del lado masculino de cada persona; el genoma mitocondrial aporta la información femenina que pasa directamente de la madre a sus hijos. En estos genes que vienen rebotando, cargamos una explicación de quiénes somos y, si queremos, podemos explicar con este hecho una manera de estar vivos de millones de antepasados en nosotros mismos. En nosotros con seguridad viven genes de personas que habitaron diferentes regiones del mundo, diferentes épocas y que contienen determinada información.

No está demostrado aún que haya conocimientos y conductas transmitidos en forma genética. Bill Hamilton [1936-2000] fue un naturalista y genetista dedicado a estudiar la preservación de la existencia a partir de la selección de parentesco. Sus investigaciones atrajeron a George Price [1922-1975] quien, por ser un experto en matemáticas y genetista, desarrolló una ecuación con la que demostró cómo se puede generar un cambio en los alelos de una población. La presentación de esta ecuación en la Universidad del Colegio de Londres en 1968 fue tan bien recibida que de inmediato le crearon una oficina para que siguiera trabajando. Su impacto fue tan grande que supuso que el altruismo tenía una base genética, relacionada con la supervivencia. Sin embargo, él mismo quiso demostrarlo con su elección de vida y llegó a quedar tan pobre después de haber donado todos sus bienes y haberse convertido al cristianismo que terminó por suicidarse.

Por otro lado, Richard Dawkins (1989), respecto de la teoría de la espiral dinámica de la transmisión cultural, fue quien comenzó a hablar de "memes" en vez de "genes" e identificó lo que llamó el "gen egoísta", y explicó que los genes más fuertes tienden a repetirse más. De esa manera podría explicarse que el sacrificio realizado a favor de los más fuertes represente ceder la vida para que ellos continúen, porque su carga genética también continúa en los genes de otros miembros de la familia.

Es posible que algún día podamos comprender que la cultura y el conocimiento también se transmiten a través de la genética; que tenemos en nosotros conocimiento histórico de supervivencia y de modelos relacionales. Que somos producto de una evolución y que cargamos con millones de historias que son nuestra riqueza; que cada una de esas historias vive en nosotros como la nuestra vivirá en los que nos sigan; que compartimos esta carga genética con muchísimos otros. Que somos más hermanos de lo que creemos. Que nuestro vínculo genético persiste y que son nuestras creencias de separación las que nos aíslan.

La maravilla del lenguaje tiene apenas cinco mil o seis mil años…; parte de nuestra separación tal vez provenga de una interpretación de base. Tenemos trabajo para hacer, para comprender nuestra individualidad y originalidad. Esta combinación genética es única e irrepetible. Cada uno de nosotros es una obra de arte diferente, que hasta que nacimos nunca había existido y que con nuestra desaparición no se repetirá. Sin embargo, los materiales con los que nos constituimos son los mismos en todos nosotros; en diferentes proporciones, son siempre los mismos.

Son los mismos también en la Tierra, en el universo en el que vivimos, en las plantas, los otros animales, las piedras, el agua… Somos Uno. Esta base nos permitiría contarnos una historia que nos acercara, que asistiera en el cambio de la percepción del otro, hacia el respeto y la valoración, la inclusión y la aceptación. Esto no es más que amor, el sentimiento que los incluye y que trae de la mano a la confianza. Una confianza más amplia que engloba a la vida misma, que nos ayuda a comprendernos como actos de amor.

Si partimos de reinterpretarnos a nosotros mismos y a los otros, y nos sentimos incluidos en una danza con el universo, que no manejamos pero del que somos parte, estaremos en una situación diferente de la actual para encarar nuestra relación con el tiempo, este es nuestro invento cuando decimos presente, pasado y futuro. Un futuro que no solo incidirá en nosotros sino que sembrará el terreno que dejaremos a las futuras generaciones. Un futuro que solo podremos construir si pensamos de una manera distinta a como lo hemos hecho hasta aquí, que requiere que dediquemos un tiempo para observar "cómo pensamos lo que pensamos" para hacer y crear lo que hacemos y creamos.

Pensar en el futuro resta tiempo para pensar en otras cosas… Pero este presente ha sido futuro alguna vez, y así lo diseñamos o nos adaptamos a lo que ha ido sucediendo. En este mismo momento, hay gente que piensa en el futuro y lo diseña y, si no nos ocupamos, viviremos el porvenir que otros planearon para nosotros; incluidos los futuros de guerra, de separación, de hambre y de dolor. Si nos ocupamos, si nos hacemos responsables, podremos dejar un mundo mejor o, al menos, dejar el camino trazado para que otros sigan haciéndolo; sin cerrar los ojos ante lo que es inevitable, porque una vez que se ve una posibilidad, podemos no tomar el camino que no elegimos. Pero no podremos decir que no la hemos vislumbrado y que nunca se nos ocurrió. Una vez que la conocemos, esa posibilidad forma parte de quienes somos.

Creadores de posibilidad: esta podría ser otra declaración de quienes somos. Usamos la maravilla de la ilusión del lenguaje y favorecemos la concreción en acciones que este nos da; construimos para buscar cambios y transformación a propósito; hacemos progresos que nos llevan a una vida basada en una *confianza vital*, como confianza en la vida misma, retomando elementos más cercanos a nuestro origen y mirando un futuro donde cuidemos de los otros y de lo otro, incluida nuestra casa: el mundo que habitamos.

No estamos solos: eso también es un invento de la mente que piensa dentro de la cultura en la que hoy vivimos. La posibilidad de hacerlo está, si desde el sentimiento de unión con otros, la elegimos entre miles de futuros y, decididos a aprender, compartimos aprendizajes, errores, visiones, emociones y sanamos nuestra existencia. No estamos solos si llamamos a la inteligencia colectiva, basada en la capacidad de adaptarse a los cambios, más fácilmente aún si son los propuestos por nosotros mismos. No estamos solos, si renunciamos a creer en el "ser" y nos fijarnos más en el "estamos siendo". No estamos solos si recurrimos a lo más puro de nuestra humanidad, que es la capacidad de elegir; en otras palabras: hacer uso de nuestra libertad de diseñar nuestro futuro.

BIBLIOGRAFÍA

Aristóteles, Física, ts. III, IV, V y VI,. http://classics.mit.edu/Aristotle/physics.html

Asimov, Isaac: "The last Question". En *Science Fiction Quarterly*, Columbia Publications, November, 1956.

Austin, John L.: *How to Do Things with Words*, The William James Lectures delivered at Harvard University, Clarendon Press, Oxford, 1962.

Bauman, Zygmunt: *Amor líquido* Fondo de cultura económica, Buenos Aires, 2005.

Beck, Don; Linscott, Graham: *The Crucible: Forging South Africa's Future*, The New Paradigm Press, Boulder, 1991.

— ; Cowan, Christopher: *Spiral Dynamics: Mastering Values, Leadership and Change*, Blackwell Publishing, Oxford, 1996.

Berger, G. De Bourbon-Busset, J. Massé, P.: *De la prospective* L'Harmattan, Paris, 1957.

Blondel, M.: Citado por Francisco José Mojica en *Forecasting y Prospectiva, dos alternativas complementarias para adelantarnos al futuro*. http://www.franciscomojica.com/articulos/forescast.pdf

Boff, Leonardo: *La opción-Tierra: La solución para la tierra no cae del cielo*, Editorial Sal Terrae, Santander, Cantabria, 2008.

Braden, Gregg: Lauber, L.: *Entanglement: A Tales of Everyday Magic Novel*, Hay House Visions, Carlebad, 2012.

Brey, Antoni; Innerarity, Daniel y Mayos, Gonçal: *La sociedad de la ignorancia*, Infonomia, E-book gratuito con Licencia de Creative Commons, 2013.

Briceño Guerrero, José M.: *El origen del lenguaje*, Monte Ávila, Caracas, 1970.

Brown, Brené: *Daring Greatly: How the Courage to Be Vulnerable Transforms the Way We Live, Love, Parent, and Lead*, Gotham Books (Penguin Group), Nueva York, 2012.

Buber, Martin: *I and Thou*, Copyrighted by Raphael Buber, Scribner Ed., Nueva York, 1978.

— : *Yo y tú*, Nueva Visión, Buenos Aires, 2002.

Carse, James P.: *Finite and Infinite Games*, The Free Press, Nueva York, 1986.

Csikszentmihalyi, Mihaly: *The Evolving Self*, Harper Collins, Nueva York, 1993.

Darwin, Charles: *El Origen del hombre (II)*, colección Clásicos de la literatura, serie Filosofía - Ensayo, Edimat Libros, Madrid, 2006.

Dawkins, Richard: *The Selfish Gene*, Oxford University Press, Oxford, 1989.

De Geus, Arie: *The Living Company Habits for Survival in a Turbulent Business Environment*, Harvard Business School Press, Boston, 2002.

De Maistre, Marie: *Deficiencia mental y lenguaje: principios y métodos para la reeducación del deficiente mental*, Laia, Barcelona, 1973.

— : *Los padres y el desarrollo del lenguaje*, Planeta, Barcelona, 1979.

Deutscher, Guy: *The Unfolding of Language: An Evolutionary Tour of Mankind's Greatest Invention*, Henry Holt, Nueva York, 2006.

— : *Prisma del lenguaje: Cómo las palabras colorean el mundo*, Ariel, Madrid, 2011.

Du Gard, Roger M: Citado por Francisco José Mojica en Determinismo y Construcción de Futuro http://celgyp.org/trabajos/trabajos/Determinismo_y_Construccion_del_Futuro.pdf

Diccionario de inglés: Oxford University Press, Oxford, 2005.

Diccionario de la lengua española: Real Academia Española/Espasa, Madrid, 23ª edición, 2014.

Doidge, Norman: *The Brain that Changes Itself*, James H. Silberman Books, Nueva York, 2008.

Drucker, Peter: *The Daily Drucker*, edición Kindle, University of Reading, Discussion Papers in International Investment & Management, No. 226, 2004.

Echeverría, Rafael: *Ontología del lenguaje*, Granica, Buenos Aires, 2006.

Einstein, Albert: *Relativity: The Special and General Theory*, Ancient Wisdom Publication, Ontario, 2012.

— : Carta de pésame a su amigo Dr. Marcus: http://actualidadypolitica. com/notas-destacadas/einstein-original-hasta-para-dar-el-pesame#.VUePu9N_Oko

Eisler, Riane: *El cáliz y la espada. Nuestra historia, nuestro futuro*, Editorial Cuatro Vientos, 7a edición, Santiago de Chile, 2000.

Engels, Friedrich "El papel del trabajo en la transformación del mono en hombre", *Die Neue Zeit, Stutgart*, Bd. 2, n° 44, 1895-1896.

Epstein, Lew: *Trusting You Are Loved*, Partnership Foundation, Nueva York, 1998.

Flores, Fernando: *Nuevos juegos, nuevos mundos*, blog.

— : *Inventando las empresas del siglo XXI*, Hachette, Buenos Aires, 1989.

— : *Surfeando hacia el futuro*, Chile en el horizonte 2025, Consejo Nacional de Innovación para la Competitividad. http://www.innovacion.gob. cl/wp-content/uploads/2013/08/orientaciones_estrategicas.pdf

— ; Dreyfus, H., Spinosa, Ch: Disclosing New Worlds. MIT Press, Cambridge, 1999.

— ; Espinoza, Charles; Dreyfus, Hubert: *Abrir nuevos mundos*, Taurus, Santiago de Chile, 2000.

— ; Solomon, R.: *Building Trust, in Business, politics, relationships and life*, Oxford University Press, New York, 2001.

— ; Winograd, Terry: *Understanding Computers and Cognition: A New Foundation for Design*, Addison-Wesley, Toney, 1997.

Frankl, Victor E.: *El hombre en busca de sentido*, Herder, Barcelona, 2011.

Freud, Sigmund: "Puntualizaciones sobre el amor de trasferencia (Nuevos consejos sobre la técnica del psicoanálisis, III)", en *Sigmund Freud. Obras completas*, Amorrortu editores, Buenos Aires, vol. XII, Cap. 8, 2013.

— : *Totem y tabú*, Edit. Tomo, México D.F., 2012.

— : "Pulsiones y destinos de pulsión", en *Sigmund Freud. Obras completas*, Amorrortu editores, Buenos Aires, vol. XIV, 2013.

Fromm, Erich: *The Art of Loving*, Perennial Library, Harper & Row Publishers, Nueva York, 1956.

— : *El miedo a la libertad*, Paidós Ibérica, Barcelona, 2008.

Galeano, Eduardo: *Libro de los abrazos*, Siglo XXI, México, 1993.

Godet, M. Durance, P: *Strategic Foresight for Corporate and Regional Development*, DUNOD; UNESCO, 2011 .

Graves, Clare: Dr. Clare Graves http:/www.claregraves.com/. Compiled and mantained by Chris Cowan, Natasha Todorovic and William R. Lee, the "archivist of the Gravesian Legacy".

Hamilton, W: *The genetical evolution of social behaviour I and II.* — Journal of Theoretical Biology 7: 1-16 & 17-52, 1964.

Hamilton W.: *Geometry for the selfish herd.* Journal of Theoretical Biology. 31: 295-311, 1971.

Hanh, Thich N. : en el *Juego Cósmico*, de Stanislav Grof, Ed. Kairós. Buenos Aires, 2008.

Heidegger, Martin: *El concepto del tiempo*, Trotta, Madrid, 1999.

— : *Ser y tiempo*, Trotta, Madrid, 2009.

Hobbes, Thomas: *Leviatán*, Losada, Buenos Aires, 2003.

Innerarity, Daniel: *La sociedad invisible*, Espasa Calpe, Madrid, 2004.

— : *El futuro y sus enemigos*, Paidós, Barcelona, 2009.

— : *La democracia del conocimiento*, Paidós, Barcelona, 2011.

Jouvenel, B. de, : *L'Art de la conjecture*, Editions du Rocher, Mónaco, 1964.

Jung, Carl: *"Achieving a Metanoia".* En Jungian Center News, Waterbury, VT, 06-07-2009.

Kahn, Herman; Weiner, Anthony J.: *The Year 2000: A Framework for Speculation on the Next Thirty-Three Years*, The Macmillan Co., Nueva York, 1967.

Kaku, Michio: *La física de lo imposible*, Debate, Barcelona, 2012.

— : *La física del futuro*, Debate, Barcelona, 2013.

Kant, Immanuel: *Crítica de la razón pura*, Taurus, Madrid, 2010.

Kauffman, Stuart: *At Home in the Universe*, Oxford University Press, Oxford, 1995.

King, Barbara: *Evolving Gods: A Provocative View on the Origins of Religion*, Doubleday Publishing, Nueva York, 2007.

— : Una conversación con Steve Paulson, Salon, http://www.salon.com/2007/01/31/king_38/.

Kristeva, J.: *El lenguaje, ese desconocido. Introducción a la lingüística*, Editorial Fundamentos, Madrid, 1999.

Kübler-Ross, Elisabeth: *La rueda de la vida*, Ed. Vergara, Barcelona, 2006.

Kuhn, Thomas: *La estructura de las revoluciones científicas*, Fondo de Cultura Económica, México, 1996.

Lear, Jonathan: *Radical Hope, Ethics in the Face of Cultural Devastation.* Harvard University Press, Cambridge, 2008.

Lewis, Clarence I.: *Mind and the World Order,* Charles Scribner's Sons, Nueva York, 1929.

Lord Kelvin, citado por Juan Carlos Santillan Lima: http://www.buenas tareas.com/ensayos/Ensayo-Evolucion-De-La-Fisica-y/1114277.html

Mac Craken, M.: "Prediction versus projection: forecast versus possibility". En *WeatherZine*, n° 26, february, http://sciencepolicy.colorado

Malmberg, B.: *Los nuevos caminos de la lingüistística*, Siglo XXI Editores, México D.F., 2003.

Mandela, N: citas en www.nelsonmandela.org

Maturana, Humberto: "Solo la educación vence a la pobreza". En *La Nación*, Buenos Aires, 10 de mayo de 2006, disponible en: http://www.lanacion.com.ar/cultura/nota.asp?nota_id=804720

Milankovitch, M. . *Theorie Mathematique des Phenomenes Produits par la Radiation Solaire.* Gautire Villars, Paris, 1920.

Nalé Roxlo, Conrado: *Antología*, compilada por Fernando Sabido Sánchez, http://poetassigloveintiuno.blogspot.mx/2011/12/5432-conrado-nale-roxlo.html

Nietzsche, Friedrich: *La genealogía de la moral*, Alianza, Madrid, 1986.

— : *Así habló Zaratustra*, Alianza, Madrid, 2011.

— : *El ocaso de los idolos,* Edimat Ediciones, Madrid, 2003.

Ortega y Gasset, Ramón: "¿Qué es la filosofía?", en *Obras completas*, vol. VII, Alianza Revista de Occidente, Madrid, 1993.

Osho: *El libro del ego. Liberarse de la ilusión*, Penguin Random House, Barcelona, 2010.

Perls, Fritz: *Dentro y fuera del tarro de la basura*, Cuatro vientos, Santiago de Chile, 1998.

Platón: *Timeo*, Abada Editores, Madrid, 2010.

Price, George: http://noticias.terra.com.mx/ciencia/la-ecuacion-matematica-del-altruismo,61d9ea9f84523410VgnCLD2000000dc6eb0aRCRD.html

Prigogine, Ilya: *¿Tan solo una ilusión?*, Tusquets, Barcelona, 1983.

— ; Stengers, Isabelle: *Entre el tiempo y la eternidad*, Alianza, Madrid, 1991.

San Agustín: "La Casa de Dios". En *Obras Completas de San Agustín*, Biblioteca de Autores Cristianos, Madrid, 2002.

Sartre, Jean-Paul: *El ser y la nada*, Coleccionables RBA, Barcelona, 2004.

Selman, Jim: *Liderazgo*, Pearson Educación - Prentice Hall, Buenos Aires, 2008.

Senge, Peter: *La quinta disciplina: cómo impulsar el aprendizaje en la organización inteligente*, Granica, Barcelona, 1990.

Seuss Geisel, Theodor (Dr. Seuss): *Oh, The Places you´ll Go!*, Harper Collins, Nueva York, 1997

Solomon, Robert: *About Love, Reinventing Romance for Our Times*, Hackett Publishing Inc., Cambridge, MA., 2006

Stephenson, Neal: *Snow Crash*, Spectra/Bantam Nueva York, 1993.

Stewart, Ian: *¿Juega Dios a los dados? La nueva matemática del caos*, Crítica, Barcelona, 1989.

Taleb, Nassim Nicholas: *El cisne negro*, Paidós, Barcelona, 2008.

— : *Ten principles for a Black Swan-proof world*, http://www.fooledbyrandomness.com/tenprinciples.pdf

— : *Teachings on Love*, Parallax Press, Berkeley, 1997.

Toffler, Alvin: *Future Shock*, Random House, Nueva York, 1970.

— : *La Tercera Ola*, Plaza & Janes, Barcelona, 2005.

Verne, Julio: *París en el siglo XX*, Hachette, Buenos Aires, 1994.

Von Bertalanffy, Ludwig: *Teoría general de los sistemas*, Fondo de Cultura Económica, México D.F., 1976.

— : "The Theory of Open Systems in Physics and Biology", *Science*, 13-1-1950, vol. 111, pp. 23- 29.

Watzlawick, Paul; Beavin, J.; Jackson, D.: *Teoría de la comunicación humana*, Herder, Barcelona, 1997.

Wertheimer, Max: *Wertheimer´s pioneering studies: On perceived motion (1912) and Figural Organization (1923)*. MIT Press, Cambridge, 2012.

Wikipedia: Datos sobre Sitio Arqueológico de Tortuguero: http://es.wikipedia.org/wiki/Tortuguero_(sitio_arqueol%C3%B3gico)

Wolpert, Lewis: *Six Impossible Things before Breakfast*, Norton, Nueva York, 2007.

— ; Jessell, T.; Lawrene, P.; Meyerowitz, E.; Robertson, E.; Smith, J.: *Principles of development*, Oxford University Press, London, 2007.

Otras lecturas recomendadas

Collingridge, David: *The Social Control of Technology*, St. Martin's Press, Nueva York, 1980 .

Foro de Seguridad, "Las diferencias entre los países pobres y los ricos", http://www.forodeseguridad.com/artic/reflex/8052.htm

Laurent, Clint: *El futuro del mundo. Lecciones de demografía y socioeconomía para 2032*, Grupo Editorial Patria, México 2013.

Marx, Karl: *El Capital*, Fondo de Cultura Económica, México D.F., 1959.

Peterson, G.; Cumming, G. S.; Carpenter, S.: "Scenario Planning. A Tool for Conservation in an Uncertain World", *Conservation Biology*, Vol 17, pp.358-366.

Ridings, Amanda: *Pause for Breath: Bringing the Practices of Mindfulness and Dialogue to Leadership Conversations*, Live It Publishing, Palo Alto, 2011.

Senge, Peter: *La revolución necesaria*, Grupo Editorial Norma, Cali, 2009.

Twenge, Jean; Campbell: *The Narcissism Epidemic*, Free Press, 2009.

www.ingramcontent.com/pod-product-compliance
Lightning Source LLC
Chambersburg PA
CBHW071640200326

41519CB00012BA/2353